W0384268

TRAUMZIEL AMERIKA

DER TIEFE SÜDEN

Wir durchqueren Louisiana, Mississippi, Alabama ...
Die Arme des Deltas sind breit wie Seen, sie leuchten in der Sonne, und der Golf von Mexiko ist blau wie ein Flitterwochentraum. Palmen, Azaleen, Blumenstädte, tropische Wälder mit überreicher Vegetation, romantische Häuser inmitten friedlicher Wiesen, baufällige Hütten in einsamen Wäldern, blendendes Meer, schmachtende Lagunen, üppig wuchernder, verfilzter spanischer Schwamm – das ist der ganze Süden, wie er sich den Tag über mit seinen leidenschaftlichen Gegensätzen darbietet.

Simone de Beauvoir, 1947

Allee mit knorrigen Eichen auf der Plantage The Oaks bei St. Francisville.

Liebevoll gepflegte alte Holzhäuser in Selma, einer Kleinstadt am Steilufer des Alabama River.

Blick von den Bellingrath Gardens, einer riesigen, farbenfrohen Gartenanlage, auf die Mobile Bay.

EDITION USA

DER TIEFE SÜDEN

ALABAMA · MISSISSIPPI · LOUISIANA

Fotos Christian Heeb
Text Rudolf Walter Leonhardt
Axel Pinck

BUCHER

INHALT

Links: Im Museumsdorf Vermilionville in Lafayette.
Mitte: Jazzband im French Quarter in New Orleans.
Rechts: Blick durch die 4th Street in Baton Rouge.

PLANEN · REISEN · GENIESSEN

Großer Reiseführer von *Axel Pinck* mit praktischen Tips für einen erlebnisreichen Urlaub und vielen Informationen über die touristischen Highlights in Alabama, Louisiana und Mississippi. Mit sieben Farbkarten.

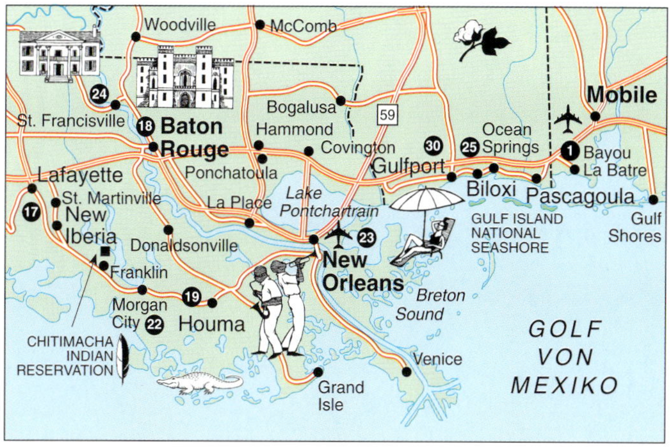

Wahrzeichen des Südens: Schaufelraddampfer – einst wichtiges Verkehrsmittel – befördern heute ausschließlich Touristen.

NATCHEZ.
NATCHEZ

Schmiedeeiserne Balkone geben den Wohnhäusern im French Quarter in New Orleans ihren besonderen Charakter.

DER GUTE KAMPF GEGEN EINEN SCHLECHTEN RUF

In «Marry Mahoney's Old French House Restaurant» in Biloxi, Mississippi. Der Tiefe Süden ist eine gute Adresse für Gourmets. Vor allem in New Orleans trifft man auf eine raffinierte, von Frankreich beeinflußte Küche, in der Fisch und Meeresfrüchte eine wichtige Rolle spielen (siehe Seite 79).

Die Geschichte des Staates Louisiana ist eine der verrücktesten in der an Verrücktheiten nicht armen Geschichte der Vereinigten Staaten von Amerika. Hätte einer sie vor zweihundert Jahren geschrieben, dann hätte er Louisiana nicht als einen von fünfzig (damals zwanzig) Staaten beschreiben können, vielleicht zusammen mit Mississippi und Alabama, sondern dann hätte er die Geschichte halb Nordamerikas schreiben müssen: Louisiana war größer als der Rest. Zu ihm gehörte alles Land westlich des Mississippi, bis zu den Rocky Mountains.

Aus Louisiana wurden im Lauf des 19. Jahrhunderts acht amerikanische Staaten und große Teile von fünf weiteren: Louisiana, Missouri, Arkansas, Iowa, North Dakota, South Dakota, Nebraska, Oklahoma; Kansas, Colorado, Wyoming, Montana und Minnesota.

LOUISIANA: DAS VON DEN FRANZOSEN GEKAUFTE LAND

All dieses Land hatten zunächst die Franzosen für sich in Anspruch genommen. Im Siebenjährigen Krieg hatten sie es 1762 an Spanien verloren, aber unter Napoleon 1800 zurückgewonnen. Napoleon verkaufte es 1803 in dem berühmten Louisiana Purchase an die Amerikaner, für etwa fünf Pfennig pro Quadratkilometer. Er tat das weder aus Großzügigkeit noch aus Dummheit. Ihm und seinen Beratern war klar, daß Besitz in Nordamerika für Frankreich am Ende eher eine Last als eine Lust sein würde. Und die Amerikaner spielten ihre Trumpfkarte sehr geschickt aus: Wenn Frankreich nicht will, dann verbünden wir uns mit England. Der amerikanische Botschafter in Paris, Livingston, und Napoleon schätzten die Lage recht ähnlich ein. Livingston: «Von heute an werden die Vereinigten Staaten von Amerika ihren Platz unter den Großmächten einnehmen.» Napoleon: «Dieser Geländegewinn der Amerikaner garantiert auf ewig die Macht der Vereinigten Staaten, und ich habe England jetzt gerade einen Rivalen zur See gegeben, der früher oder später seinen Stolz brechen wird.»

Vielleicht trägt zur Macht Amerikas auch das hartnäckige, beinahe liebevolle Festhalten an Traditionen bei, wie wir es in Louisiana bewundern können. Vergleichen wir doch mit Deutschland. Da werden die Namen von Straßen fast immer, die Namen von Städten nicht selten, aber zuweilen auch die Namen von Ländern gewechselt, wenn immer es politisch opportun scheint.

Ganz anders Louisiana. Als der Forscher La Salle es für Frankreich in Besitz nahm, nachdem er von der kanadischen Grenze weit nach Süden bis zum Golf von Mexiko vorgedrungen war, nannte er das Land am 9. April 1682 nach seinem König Louis XIV. Es wurde 1762 spanisch, in den neunziger Jahren wieder französisch, 1803 amerikanisch – und immer hieß es Louisiana. Daran änderte auch nichts, daß Ludwig XVI. (der Ururenkel des Namensgebers) hingerichtet wurde. Ob Frankreich nun bourbonisch, jakobinisch, napoleonisch oder republikanisch war: Louisiana blieb Louisiana – und wird es sicher noch lange bleiben.

Das State Capitol (1851 erbaut) in Montgomery, der Hauptstadt Alabamas. Hier wurde 1861 Jefferson Davis zum ersten (und letzten) Präsidenten der Konföderierten Staaten von Amerika ausgerufen.

Ähnlich verhält es sich mit seiner größten Stadt. Sie wurde bei ihrer Gründung 1718 nach dem Herrscher Frankreichs genannt. Das war damals der Neffe Ludwigs XIV., der als Regent für den noch minderjährigen Ludwig XV. amtierte, der Herzog Philipp von Orléans.

Der heutige Staat Louisiana, der im April 1812 als achtzehnter in die Vereinigten Staaten aufgenommen wurde, ist keine Region im Sinne einer geographischen, ethnischen oder ökonomischen Einheit. Zwar stellt er sich als eine solche dar durch die amerikanische Gewohnheit, jedem Staat einen Kosenamen zuzulegen (für Louisiana: Pelican State) sowie ein kennzeichnendes Tier (der östliche braune Pelikan), einen typischen Baum (die Zypresse), eine Lieblingsblüte (die Magnolie) und eine eigene Flagge (auf blauem Feld ein weißer Pelikan, der seine Jungen füttert, dazu auf einer weißen Schleife das Staatsmotto «Einheit, Gerechtigkeit und Vertrauen»). Auch unterscheidet sich Louisiana von anderen Staaten dadurch, daß seine 64 Verwaltungsbezirke, anderswo Counties, nach alter spanisch-katholischer Kirchentradition Parishes heißen.

Das ist aber auch alles. Im übrigen habe ich von louisianischer Einheit so wenig bemerkt wie von braunen Pelikanen. Auch Louisianer selber weisen gern darauf hin, daß sie aus dem Norden kommen oder aus dem Süden. Der Norden ist eine freundliche Hügellandschaft mit Fichtenwäldern und Steppenwiesen, auch ein paar Seen. Die Bewohner kommen aus einem der Carolinas oder aus Tennessee oder von noch weiter nördlich. Sie sind weiß, protestantisch, fromm, fleißig. Ob man bei Shreveport nach Louisiana hereinkommt oder bei Monroe: dem Gefühl nach könnte man noch immer in Texas oder in Arkansas sein. Die Städte heißen so amerikanisch wie alle, durch die der Autofahrer bis dahin gekommen ist: Oil City oder James Town, Peck oder Harrisonburg.

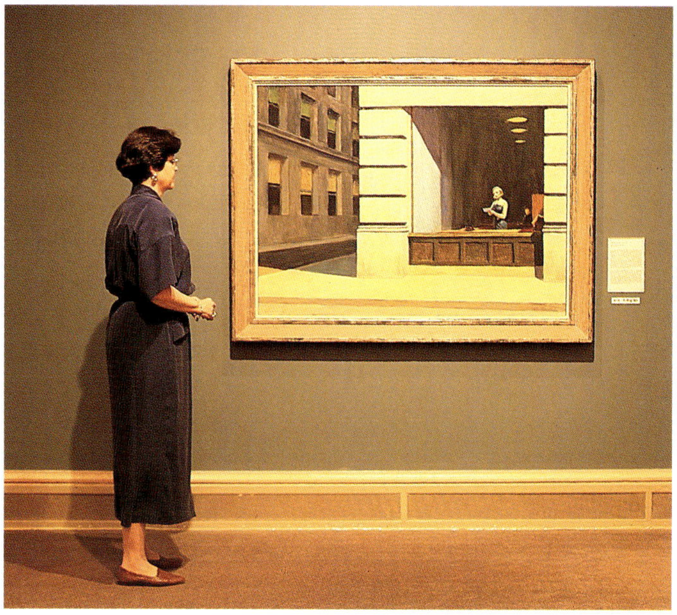

Ausgefallene Architektur gibt den Rahmen ab für die Gemäldesammlung des Montgomery Museum of Fine Arts. Zusammen mit dem Blount Cultural Park begründet das Museum den Ruf Montgomerys als modernes kulturelles Zentrum in Alabama.

Das alles ändert sich nach dem Red River, der Louisiana von Nordwesten nach Südosten teilt, wenn man Alex(andria), das geographische Zentrum des Staates, durchfahren hat. Dann geht es weiter durch Orte wie Plaucheville, Dupont, Goudeau, Napoleonville, Lafayette. Louisianas Süden unterscheidet sich nicht nur vom Norden dieses Staates. Er unterscheidet sich spürbar auch von allem, was man gemeinhin die amerikanischen Südstaaten nennt. Die wurden ja gern auch als Bible Belt bezeichnet, weil sie sich als rein protestantischer «Bibelgürtel» von den Carolinas bis nach Oklahoma ziehen, also Georgia, Tennessee, Alabama, Mississippi und Arkansas einschließen. Süd-Louisiana ist das einzige Loch in diesem Gürtel. Es ist die katholischste Region der USA. So stark ist dort noch das spanisch-französische Erbe.

In Natchez sind noch viele der alten Plantagenhäuser aus der Zeit vor dem Bürgerkrieg erhalten. Während der Pilgrimage Tours (einige Wochen im März und Oktober) können sonst nicht zugängliche Häuser besichtigt werden.

Lafayette *(siehe Seite 81)* ist die «Hauptstadt» von Bayou-Land, Acadia, Cajun-Land. Alle drei Namen bedeuten ungefähr das gleiche und bilden jedenfalls eine der kuriosesten Landschaften von Nordamerika. «Bayous» sind Gewässer, die zu schmal sind für einen See, aber zu wenig fließen für einen Fluß.

Manchmal haben sie keine Quelle, manchmal keine Mündung, manchmal auch keins von beiden. Zuweilen sind es Nebenarme von Flüssen. Oft sind sie morastig. Immer haben sie für den Mississippi die Rolle eines geologisch chaotischen Westufers gespielt.

«Acadians» oder «Cajuns» heißen die Bewohner dieser landschaftlich vor allem für Wassermänner wunderschönen, klimatisch durch feuchte Hitze zermürbenden Weltgegend. Den Namen Acadians brachten die nach Nova Scotia in Kanada emigrierten Franzosen mit, als sie in den fünfziger Jahren des 18. Jahrhunderts von den Engländern nach Süden vertrieben wurden. Durch den Mixer der amerikanischen und der kolonialfranzösischen Dialekte gepreßt, wurde daraus Cajuns.

Dieses Klassenzimmer steht in Old Alabama Town in Montgomery. In dem Freilichtmuseum können zahlreiche restaurierte Gebäude aus der Zeit zwischen 1818 und 1900 besichtigt werden. Was nicht vergessen werden sollte: Lernen durften hier lange nur die Weißen.

«I'll Never Get Out of This World Alive», dichtete Hank Williams in einem seiner großen Songs. Der Country-Sänger starb am 1. Januar 1953 nach ausgiebigen Alkoholexzessen im Alter von nur 29 Jahren an Herzversagen. In Bronze gegossen spielt er noch heute für seine Fans auf der Lister Hill Plaza in Montgomery.

Wer über die Segnungen des Fortschritts nachdenken will, findet dazu in Lafayette reichlich Anschauungsmaterial. Dort ist am Rande der Stadt in einem großen Waldgrundstück ein altes Acadian Village aufgebaut mit Kaufmannsladen, Schmiede, einer kleinen Kirche und hübschen Häusern verschiedenster Bauart. So mögen die ersten Cajuns in den siebziger Jahren des 18. Jahrhunderts gewohnt haben. So möchte man heute noch lieber leben als in der Stadt, die seit 1930 immer häßlicher geworden ist durch Erdölpumpen, Pipelines, Raffinerien und Transportwege. Damals wurde Louisiana reich als drittgrößter Produzent von Erdölprodukten, nach Texas und Kalifornien. Aber 1980 hörten die Quellen auf zu fließen. Die Städte blieben häßlich, aber waren nun, anders als in Texas und Kalifornien, auch wieder arm.

Als Wahrzeichen vorübergehenden Größenwahns ist das Wolkenkratzer-Kapitol in Baton Rouge, der Hauptstadt des Staates Louisiana, geblieben und die Erinnerung an seinen größenwahnsinnigen Gouverneur Huey P. Long, der sich als überlebensgroße Bronzefigur feiern läßt *(siehe Seite 80)*. Ein zweites, weniger schmeichelhaftes Denkmal hat ihm der Schriftsteller Robert Penn Warren in dem Roman «All the King's Men» von 1946 gesetzt.

Die Straße von Baton Rouge nach New Orleans ist am linken Ufer des Flusses Teil des Interstate Highways 10 und ein technisches Wunderwerk auf Stahl und Beton, durch Pfähle im Morast abgestützt. Am rechten Ufer führen kleinere Straßen zum selben Ziel. Das Ganze wird freundlich River Road genannt und dem Plantation Country zugezählt. Weniger freundliche Kritiker rechnen es seiner petrochemischen Belastung wegen zum «Krebskorridor». Vom Fluß und den Plantations, den Herrenhäusern und den Sklavenhütten der Plantagenbesitzer, die vor allem durch Baumwolle reich wurden, soll an anderer Stelle noch die Rede sein. Wir wollen den kurzen Überblick über das einst so mächtige Louisiana beenden mit ein paar Anmerkungen zu seiner prächtigsten Stadt.

So kleideten sich einst die Frauen der französischen Siedler in Louisiana. Das Museumsdorf Acadian Village in Lafayette zeigt das Alltagsleben der Cajuns im frühen 19. Jahrhundert.

Eine der schönsten Städte Amerikas: New Orleans

In das Mündungsgebiet des Mississippi waren im 16. Jahrhundert schon Spanier vorgedrungen. Aber der erste, der die große Flußschleife nordöstlich der Mündung erreichte, war 1718 der Franzose Jean-Baptiste Le Moyne, Sieur de Bienville. Er gilt denn auch als Gründer von New Orleans. Damit ist der Teil der Stadt gemeint, der heute Vieux Carré (amerikanisch French Quarter) heißt, sauber als Rechteck konstruiert, dessen Straßen parallel zum Fluß laufen oder senkrecht darauf zu. Er wurde von Kolonial-Spaniern und -Franzosen bewohnt, die keinerlei Berührungsängste voreinander kannten, sondern fröhlich miteinander verkehrten. Die französisch-spanische Mischbevölkerung nannte sich Kreolen.

Impressionen aus dem Museum Old Alabama Town in Montgomery.

Ein Instrumentenbauer zeigt, wie kunstfertig einst in Alabama Musikinstrumente hergestellt wurden (oben).

Unterrichtsmaterial und ein Teil der Schulbibliothek – Detail aus einem alten Klassenzimmer (unten).

Ein Kreole zu sein, ist noch heute das Feinste, was es in New Orleans gibt. Aber auch anderen gegenüber war man tolerant. Das galt vor allem für die zahlreichen Schwarzen, die aus der Karibik gekommen waren. Als Freie (gens de couleur libre) wurden sie, wurden auch ihre Ehen mit Weißen und deren Nachwuchs (Mulatten) von der Gesellschaft akzeptiert. Davon, daß die Herrschaft in Louisiana 1762 von den Franzosen auf die Spanier überging, merkte man in New Orleans wenig.

Das änderte sich 1803, als die Amerikaner kamen. Auch die waren nicht eigentlich Fremde, und sie waren auf gute Nachbarschaft bedacht. Aber zwischen ihrer eigenen Stadt und der Kreolenstadt des French Quarter ließen sie doch einen breiten Streifen Ödland. Dort verläuft heute die Canal Street und ist noch deutlich als Grenze zu erkennen: auf der einen Seite mediterran anmutende Häuser, von denen keines höher sein darf als die Kathedrale von St. Louis; auf der anderen die Wolkenkratzer des amerikanischen Geschäftsviertels. Dahinter und etwas dichter zum Fluß hin haben sich dann die Amerikaner ihr eigenes prächtiges New Orleans gebaut, den sogenannten Garden District. Während die Häuser im «französischen Dorf» eng beieinander liegen und meistens um einen Schatten spendenden Innenhof gebaut sind, geben im «amerikanischen Dorf» eher die Plantations der Baumwoll-Könige das Vorbild ab: säulengeschmückte Entrees, geräumige Foyers und vor allem große, kunstvoll angelegte Gärten. Ein Baumaterial freilich erfreut sich in ganz New Orleans großer Beliebtheit: Schmiedeeisen, für Zäune, für Treppen, für Balkone oder nur so zum Schmuck.

Noch ein paar Impressionen von und Assoziationen zu New Orleans. Sie konzentrieren sich wohl für die meisten auf das French Quarter – sie seien denn besonders sportbegeistert, dann werden sie die Arena des

Fasziniert beobachtet dieser junge Besucher in Old Alabama Town einen Figurenschnitzer bei der Arbeit.

Superdome nicht vergessen. Historisch Interessierte hingegen wollen nicht versäumen, die Chalmette Plantation zu sehen, zehn Kilometer mississippi-abwärts, wo Andrew Jackson 1812 die letzte Schlacht gegen die Engländer schlug und zum Volkshelden wurde, dessen Standbild den schönsten Platz im French Quarter beherrscht.

Literaturbeflissenen fällt wohl «A Streetcar named Desire» ein. Tennessee Williams lebte gern in New Orleans wie übrigens auch William Faulkner *(siehe Seite 88)*; beide kamen aus Mississippi. Und der Streetcar fährt nicht mehr nach Desire (was ein ziemlich grausiger Wohnblock geworden ist), aber er ist immerhin noch hinter dem Louisiana State Museum in der Esplanade Avenue zu besichtigen.

Aber vor allem bedeutet für den Fremden New Orleans natürlich Dixie, Jazz, Mardi Gras. Am Ende des French Quarter liegt der Louis Armstrong Park mit dem Congo Square. Dort, so sagt eine Version von vielen, soll aus afro-karibischen Rhythmen der Jazz entstanden sein. Ein Besuch an der Quelle scheint nicht ungefährlich. Jedenfalls warnt der offizielle Führer: «Meiden Sie Rampart Street zwischen St. Peter Street und Esplanade Avenue nicht nur bei Nacht, sondern auch am Tage.» Genau dahinter liegt freilich der Louis Armstrong Park, von dem es wiederum heißt: «Riskieren Sie es nicht, allein in den Park zu gehen. Auch tagsüber nicht.»

Je nun, um den besten traditionellen Jazz zu hören, braucht man sich nicht ganz so weit vorzuwagen. Da empfiehlt sich die Preservation Hall in St. Peter Street. Aber im French Quarter ist ja überall Musik in Kneipen, Bars und Kaschemmen, und die Bands ziehen über den Jackson Square, über Royal Street und Chartres Street, bis tief in die Nacht hinein (das French Quarter kennt keine Polizeistunde). Am Mardi Gras erreicht das Straßenvergnügen seinen weltberühmten Höhepunkt. Toller als in

Als es noch keine Supermärkte und Shopping Malls gab: Konservendosen von anno dazumal stehen in diesem rekonstruierten Kramerladen in Old Alabama Town.

einer schönen Sommernacht kann es, wenn Hunderte sich in der engen Bourbon Street drängen, kaum zugehen. Es ist üblich, die lange Nacht oft erst am frühen Morgen enden zu lassen und zwar im «Café du Monde» am French Market, wo auch das Frühstück vorzüglich ist.

Alles sehr konfus. New Orleans ist konfus. Wer irgendwann, am Anfang, zwischendurch immer einmal wieder, am Ende einen ruhigeren und klareren Überblick gewinnen will über diese wunderbar wahnsinnige Stadt, über den Fluß, über den See, über die Brücken, der hocke sich in einen der bequemen Sessel am Fenster der höchsten Bar der Stadt, gleich unterm Dach des Wolkenkratzers World Trade Center. Die Kuppel dreht sich kaum spürbar und gibt innerhalb von einer Stunde Ausblick über das ganze Panorama. *(Siehe auch Seite 81.)*

Modernes Alabama.

Huntsville ist der Geburtsort der amerikanischen Raumfahrtindustrie. Auf dem Freigelände des Space and Rocket Center sind die riesigen Trägerraketen zu bestaunen, und in einer speziellen Apparatur kann man sich in den Zustand der Schwerelosigkeit versetzen lassen.

MISSISSIPPI: WO DER SÜDEN AM TIEFSTEN IST

Zweifellos liegen Arizona und New Mexiko im Süden der Vereinigten Staaten. Warum also zählt man sie nicht zu den «Südstaaten»? Weil sie noch gar keine Staaten waren, als sich ein Teil des amerikanischen Südens vom Norden trennen wollte. «Südstaaten» ist ein politischer Begriff.

Zu den Südstaaten gehören alle diejenigen, die ein mit steigender Staatenzahl immer größer werdendes Übergewicht des Nordens in der Unionsregierung fürchteten und deswegen die Rechte des einzelnen Staates gestärkt wissen wollten. Durch die Union des Nordens fühlten sie ihre Kultur und Lebensauffassung bedroht. Ihre ökonomische Grundlage war die Landwirtschaft, und zwar eine Landwirtschaft, die auf Sklavenarbeit basierte.

Das erst vor kurzem fertiggestellte, futuristisch anmutende Government Plaza in Mobile.

Ein richtiger «Südstaat» hat für seine eigene ländliche Kultur den Bürgerkrieg (1861–1865) gegen den Norden geführt – und verloren *(siehe Seiten 34/35)*. Er war vorher reich geworden, in seiner Blütezeit vor allem durch den Verkauf von Baumwolle. Die Plantagenbesitzer bauten sich prächtige Landhausvillen in allen möglichen Mischungen eines griechisch-römischen Kolonialstils, oft mit italienischem oder spanischem Einschlag.

Daß der Süden nach dem Krieg arm war – und sich von dieser Armut bis heute nicht ganz erholt hat –, war weniger auf kriegerische Zerstörungen zurückzuführen.

Grund für die Armut war der völlige Zusammenbruch des Wirtschaftsgefüges. Was macht man mit riesigen Flächen brachliegenden Landes, wenn es niemanden gibt, der sie bearbeitet? Wie befriedigte man die Ansprüche, die Millionen befreiter Sklaven nun mit Recht stellten? Man versuchte es mit Parzellierung und Verpachtung; aber Landwirtschaft wirft, wie uns jeder Bauer bestätigen wird, Profit nur ab, wo sie im großen Stil betrieben werden kann. Man bildete, wie es vor einigen

Fortsetzung Seite 30

Auch wenn ein Gewittersturm über die Stadt hinwegfegt, kann man in diesem überdachten Einkaufszentrum in Birmingham, Alabama, unbeschwert bummeln.

Birmingham, die größte Stadt Alabamas, war Stahlstandort. Heute sind Pharmaindustrie und Spezialkrankenhäuser von Bedeutung.

Das Friedman Home in Birmingham ist von einem hübschen Garten umgeben.

Die Bellingrath Gardens südlich von Mobile, Alabama, entführen in das Reich der Farben und Düfte.

Zwischen New Orleans und Natchez stehen noch viele stolze Herrenhäuser aus der Zeit vor dem Bürgerkrieg. Die bedeutendsten kann man das ganze Jahr über besichtigen, Plantagenvillen in Privatbesitz nur während der Pilgrimage-Wochen.

DIE SCHLÖSSER DES SÜDENS

Plantagenvillen am Mississippi

Es war die Zeit vor dem Bürgerkrieg. Am Unterlauf des Mississippi zwischen Memphis und New Orleans reihten sich riesige Baumwoll- und Zuckerrohrplantagen wie Perlen einer Kette aneinander. Die Arbeit afrikanischer Sklaven auf den Feldern schuf die Basis für gewaltige Reichtümer in den Händen ihrer Besitzer. In Natchez lebten mehr Millionäre als in New York. Die Stadt- und Plantagenvillen der reichen Pflanzer waren wie griechische Tempel gebaut, in einem Architekturstil, den man «Greek Revival» nannte. Die aristokratischen Herrenhäuser schmückten sich mit romantischen Namen: Rosedown, The Myrtles, Destrehan, Nottoway, Ormond, Rosalie oder Longwood.

Großzügig: Oak Alley (oben) und Ballsaal der Nottoway Plantation (unten).

Es grenzt an ein Wunder, daß über 200 Jahre nach Ende des Bürgerkriegs so viele dieser Paläste besichtigt werden können. Truppen der Nordstaaten legten während des Krieges an so manche Villa die Brandfackel, noch mehr Herrenhäuser brannten nieder, wenn unachtsam mit dem Herdfeuer oder Öllampen hantiert wurde. Wenn ein Haus nicht angemessen gepflegt wurde, verrottete es schnell im feuchtwarmen Klima des Tiefen Südens. Der unberechenbare Mississippi holte sich bei Hochwasser einige der schönsten Plantagenvillen.

«Greek Revival» bedeutete für die Oberschicht der Südstaaten Lebens- und Architekturstil zugleich. Die Hinwendung zur Form des griechischen Tempels als Ausdruck der attischen Demokratie bildete einen bewußten Gegensatz zur noch nicht lange zurückliegenden Kolonialarchitektur und der feudalen Herrschaft des britischen Königs. Auch die Akropolis in Athen war mit Hilfe von Sklavenarbeit errichtet worden, insofern mußte sich der Pflanzer in den Südstaaten nicht in Gewissenskonflikte begeben und konnte sich als guter Demokrat empfinden, zumal die Kirche dem Sklavensystem als gottgefällig ihren Segen erteilt hatte. Zugleich waren die Villen als Mittelpunkt großer Plantagen repräsentative Machtzentren, sowohl gegenüber den Untergebenen, als auch in Konkurrenz zu anderen Plantagen. Außerdem gab es ganz praktische Gründe für den auffälligen Baustil. Dicke Wände schützten vor der extremen Hitze. Die ausgedehnten, von Säulen gestützten, oft umlaufenden Veranden und Galerien hielten das Haus beinahe den ganzen Tag im Schatten. Türen und die großen Fenster befanden sich symmetrisch einander gegenüber und begünstigten so eine maximale Luftzirkulation.

Berühmt: Oak Alley Plantation.

An den Ufern des Mississippi zwischen Baton Rouge und Natchez, um die Ortschaft St. Francisville südlich der Grenze zu Mississippi und weiter flußaufwärts in Natchez findet man einige Dutzend der imposantesten Antebellum Mansions. Die wuchtige Stanton Hall in Natchez gehört zu den Klassikern des Greek-Revival-Stils, das Gebäude von Longwood, mit eigenwilligem, achteckigem Grundriß, wurde wegen des Bürgerkriegs nie fertiggestellt und bezogen.

In St. Francisville beeindrucken die ausgedehnte Gartenanlage der Rosedown Plantation sowie Oakley House, in dem der bekannte Naturforscher und Zeichner Audubon einige Jahre als Hauslehrer angestellt war. Auf der geräumigen Nottoway Plantation südlich von Baton Rouge und auf einigen anderen Herrenhäusern werden Zimmer an Reisende vermietet. Das harmonische Haus von Oak Alley bei Vacherie mit seiner herrlichen Eichenallee gehört zu den meistfotografierten Anlagen der USA.

Weitere ehemalige Herrensitze finden sich im Norden Mississippis, etwa Waverly am Tombigbee River, und in Alabama, so bei Mobile, Demopolis, oder Tuscaloosa. Die wunderschönen Häuser faszinieren jedes Jahr Zehntausende amerikanischer Besucher während der Pilgrimage Tours im Frühling und im Herbst, wenn viele sonst privat bewohnte Häuser zusätzlich besichtigt werden können.

Stimmungsvoll: Elms Court in Natchez.

Axel Pinck

Die amerikanische Flagge weht stolz im Garten. Privathaus in der Nähe von Stewartsville, Alabama.

Das parkähnliche Gelände der University of Alabama in Tuscaloosa.

Jahren auch im Osten Deutschlands versucht wurde, Kollektive und nannte das «crop-sharing». Manches wäre vielleicht gut gegangen, wenn jeder auf Eigennutz verzichtet und sich ganz dem Gemeinwohl verpflichtet gefühlt hätte. Aber da gab es natürlich Leute, die auch aus anderen Staaten angereist kamen und die chaotischen Verhältnisse nutzten, sich persönlich zu bereichern. Man nannte sie «carpetbaggers» und «scalawags».

Sollte nicht endlich von Mississippi die Rede sein? Aber das ist es ja schon lange. Denn Mississippi ist der Südstaat par excellence. Er gehörte zu den ersten, die sich zur «Konföderation» gegen den Norden verbündeten, und sein Senator Jefferson Davis aus Woodville war der erste und einzige Präsident dieser Confederate States.

Mississippi ist auch am längsten ein typischer Südstaat geblieben. Er war Mitte unseres Jahrhunderts der bevölkerungsärmste (2,6 Millionen) mit der ärmsten Bevölkerung, die zu 40 Prozent aus Negern bestand (zum Vergleich: Alabama und Georgia je 26 Prozent). Sie waren noch in unserem Jahrhundert durch nur einen Abgeordneten in der Staatsregierung vertreten. 1890 hatte die weiße Regierung von Mississippi ein Wahlrecht mit komplizierten Intelligenztests, Wohnungsnachweisen und einer Wahlsteuer in Kraft gesetzt, was alles die Zahl der schwarzen Wähler auf ein Minimum schrumpfen ließ.

Im «Freiheitsommer» 1964 strömten die Kämpfer für «civil rights» nach Süden, und nirgendwo fanden sie so viel zu tun wie in Mississippi. Nirgendwo aber haben sich die Verhältnisse seitdem auch so gebessert; sie hatten reichlich Spielraum dazu.

In New York sprach ich mit einer Frau von etwa vierzig Jahren. Sie hatte vor mehr als zwanzig Jahren Mississippi verlassen wie so viele, besonders Schwarze. «Unlängst», sagte Jane O'Connor, «war ich einmal wieder dort. Da hat sich vieles verändert. Die Leute sind selbstbewußter geworden. Es geht ihnen vielleicht auch ein bißchen besser. Vor allem jedoch spüre ich: man hat keine Angst mehr. Ich mache Pläne, wieder zurückzugehen, für immer. Ich habe Sehnsucht.»

Das Wohnhaus von Walter D. Bellingrath in den Bellingrath Gardens, südlich von Mobile. Er erwarb das Gelände an der Mobile Bay 1917 und legte hier bis 1932 einen eindrucksvollen Park an.

Der Staat Mississippi ist im Jahr 1817 als zwanzigster den Vereinigten Staaten beigetreten. Sein poetischer Name ist «Magnolia State», sein Staatsbaum wie seine Staatsblüte die Magnolie, sein Staatsvogel die Spottdrossel und sein Motto «Virtute et armis» (durch Mannestugend und Waffen). Es wäre der Anstrengungen einer Frauenbewegung wert, an denen Amerika ja keinen Mangel leidet, auf Änderung dieses Mottos zu drängen, das wirklich keinem gutgetan hat. Die Staatsflagge von Mississippi ist rot. Das rechte obere Viertel trägt einen blauen und einen weißen Streifen. Im linken oberen Viertel jedoch sehen wir das alte Emblem der Südstaaten, wie es sonst nur noch auf der Flagge Georgias zu finden ist: das sternbesäte blaue Balkenkreuz.

Privathaus an der Strandpromenade von Biloxi, Mississippi. Hier wohnt man mit Blick auf den Golf von Mexiko.

Üppige Wiesen prägen die Landschaft in der Nähe von Okolona, südlich von Tupelo, Mississippi.

DER KRIEG, DER NORDAMERIKA VEREINIGT HAT

Der Reisende trifft im Tiefen Süden auf zahlreiche Gedenkstätten, die an Schlachten des amerikanischen Bürgerkriegs erinnern. Ein Themen-Essay von Rudolf Walter Leonhardt zu Hintergrund und Verlauf des Civil War von 1861 bis 1865.

Die Regierung in Washington hatte nichts dagegen, daß sich ihrer Union auch Südstaaten anschlossen (wie South Carolina im Jahr 1788), für deren Agrarwirtschaft – Zucker, Mais und vor allem Baumwolle – Negersklaven schon seit zweihundert Jahren die Rolle übernommen hatten, die in Europa leibeigenen Bauern und Knechten zufiel. Die amerikanische Verfassung sagte, ehe sie nach dem Bürgerkrieg revidiert wurde, nichts gegen Sklavenhaltung. Sie betonte freilich, daß die Staaten sich den Gesetzen der Union anpassen und einander ähnlicher werden sollten. Diese Meinung wurde entschieden von der neuen republikanischen Partei vertreten. Und als die den Rechtsanwalt aus Illinois, Abraham Lincoln, zum Präsidentschaftskandidaten wählte, drohte South Carolina: den werden wir nicht akzeptieren.

Am 4. März 1861 wurde Lincoln als Präsident vereidigt. Am 12. April fiel der erste Schuß, und zwar auf das Fort Sumter, das für die Unionsmarine den Hafen von Charleston (South Carolina) schützen sollte. Den Feuerbefehl gab der Süd-General mit

Links: Winslow Homer (1836 bis 1910) nahm als Zeichner am amerikanischen Bürgerkrieg teil und wandte sich dann der Malerei zu. Sein Gemälde «Prisoners from the Front» entstand 1866.

Mississippi ist nicht so leicht in verschiedene Landesteile zu gliedern wie Louisiana. Es gibt überall sehr viel Wald und sehr viel Wasser. Aus dem Flugzeug gesehen, erscheint es als eine grüne Ebene, die von lauter braunen Äderchen durchzogen wird. Die Flüsse fließen alle von Norden nach Süden, sei es ziemlich gerade wie der Pearl River, sei es dauernd mäandernd wie der Tombigbee und vor allem natürlich der Mississippi.

Unterwegs auf dem Natchez Trace Parkway

Mississippi ist der einzige Staat, der seinen Touristen eine eigene Ferienstraße bietet, den Natchez Trace Parkway *(siehe auch Seite 86),* der von Nashville nach Natchez, also zunächst 150 Kilometer durch Tennessee (und Alabama) und dann 450 Kilometer durch Mississippi führt. Das ist ein uralter Trampelpfad der Indianer, der die nützlichste Verbindung zwischen dem Norden und dem Mississippi herstellt. Er wurde vor allem von Kriegern, Händlern und Gaunern benutzt. Am bekanntesten wurde er durch die «Kaintucks», die aus Ohio und Kentucky kamen und auf flachen Booten ihre Waren bis Cairo und dann den Mississippi hinunter bis nach Natchez brachten. Dort verkauften sie alles: Tabak, Eisen, Fleisch, auch ihre Boote. Da der Rückweg stromaufwärts allzu beschwerlich gewesen wäre, gingen sie zu Fuß auf dem Trace (wie er allgemein genannt wird) nach Hause.

Rechts: Bildausschnitt aus «A Rainy Day in Camp» (1871). Hier stellt Winslow Homer den tristen Alltag der Truppen während des amerikanischen Bürgerkriegs dar.

Unten: Freiwillige der Südstaaten-Armee warten auf ihren Einsatz. Die Soldaten der Konföderierten waren oft nur mangelhaft bewaffnet und schlecht bekleidet.

dem schönen kreolischen Namen Beauregard. Am 14. ergab sich die Besatzung des Forts. Damit begann ein Krieg, dessen Ausgang für Unvoreingenommene von Anfang an feststand. Es kämpften 23 Nordstaaten mit 22 Millionen Einwohnern gegen 11 Südstaaten mit 9 Millionen Einwohnern (davon ein Drittel Sklaven).

Es ist eigentlich nicht zu fassen, wie so ein Krieg vier Jahre lang dauern konnte. An den geographischen Dimensionen lag es nicht. Viele, die meisten der 34 Staaten wurden vom Krieg territorial nur mal eben so am Rand berührt. Was wir den Krieg zwischen Süden und Norden nennen, hieße – von nur einer Ausnahme abgesehen – richtiger: der Krieg um Virginia.

Wobei die eigentlich kriegsentscheidende Schlacht auch noch außerhalb des Nord-Süd-Kampfgebietes geschlagen wurde, nämlich in Pennsylvania, bei Gettysburg vom 1. bis 3. Juli 1863.

Es war die einzige große Niederlage des genialsten Truppenführers dieser Jahre, des virginischen Generals Robert E. Lee. Er ist in diesem ganzen vierjährigen Gemetzel die eindrucksvollste Figur. Nicht zuletzt durch ihn wurde Virginia zum Zentrum des Geschehens. Als noch unklar war, welchem der beiden Kriegsgegner Virginia sich anschließen würde, machte man Lee, gerade erst zum Oberst befördert, das Angebot, eine Unions-Armee zu führen. Er war weder für die Herren der Sklavenplantagen noch dafür, auf die Südstaaten Druck auszuüben. Seine Antwort lautete daher: Ich kämpfe weder für die Sklaverei noch für ihre gewaltsame Abschaffung. Was ich vermag, gehört Virginia. Er war 1807 in Virginia geboren. Er starb 1870 in Virginia. Er hatte, wie versprochen, nur für Virginia gekämpft. Richmond (Virginia), seit dem 29. Mai 1861 die Hauptstadt der Konföderierten, lag ja, was sich Touristen des amerikanischen Sezessionskrieges nicht immer klar machen, nur 150 Kilometer von Washington, der Hauptstadt des Gegners, entfernt. Beinahe wäre es Lees Truppen sogar

einmal gelungen, in Washington einzudringen. Nach dem Fall Richmonds legte General Lee am 9. April 1865 den Oberbefehl über die Armee von Virginia nieder. Ende Mai war der Krieg zu Ende.

Der zweite wichtige Kriegsschauplatz war der Mississippi gewesen. Dort hatte die Unions-Marine ihren ersten großen Erfolg, als es ihr am 24. April 1862 gelang, die Befestigungswerke des größten Hafens zu durchbrechen und New Orleans unter ihre Kontrolle zu bringen.

Die stärkste Festung am Mississippi hielt aus bis zum 4. Juli 1863, ehe sie sich nach mehreren Monaten der Belagerung dem Unionsbefehlshaber Ulysses Grant ergab. Beinahe am gleichen Tag also fielen die tödlichen Schläge in Gettysburg und in Vicksburg (Mississippi).

Grant galt nun als der führende Feldherr des Nordens. Der große Planer und Stratege freilich, der immer hinter ihm stand, war Präsident Lincoln. Den Krieg hatte er gewonnen. Würde er auch den Frieden gewinnen können? Am 14. April, ganz Washington hatte gerade die endgültige Niederlage General Lees gefeiert, wurde Lincoln im Theater von einem wahnsinnigen Schauspieler ermordet.

Nachdem die Amerikaner das Gebiet den Franzosen abgekauft und die Indianer vertrieben hatten, fingen sie im 19. Jahrhundert an, den Weg auszubauen. Heute ist es eine Straße zum Spazierenfahren für Autos. Personenwagen müssen mit 70 Kilometern in der Stunde, Lastwagen dürfen dort überhaupt nicht fahren. Es gibt keine Verkehrsampeln und keine Reklameschilder, keine Restaurants oder Imbißbuden und auf der ganzen Strecke nur eine Tankstelle. Kurz: eine ganz und gar unamerikanische Straße, die «Parkway» nicht nur heißt, sondern auch durch lauter Parklandschaften hindurchführt. Als erster größerer Stadt nähert man sich Tupelo *(siehe Seite 87)*. Etwa sieben Kilometer vorher ist das Natchez Trace Parkway Visitor Center nicht zu übersehen. Wie immer an Staatsgrenzen, die der im Auto durch Amerika Reisende ja ziemlich oft kreuzt, empfiehlt sich ein Stop. In diesem Visitor Center geben sie einem die freundlichsten und zuverlässigsten Auskünfte. Hier bekommt man dazu eine wohl einen Meter lange Übersichtskarte, auf der Meile für Meile verzeichnet steht, was es am Rande des Trace alles zu sehen und zu erleben gibt.

Auch auf die Großen und Berühmtheiten des Staates wird hingewiesen. Dazu ist in Tupelo zum ersten Mal Gelegenheit. Dort wurde am 8. Januar 1935 Elvis Presley, «the one-and-only king of rock and roll» geboren. Das Geburtshaus ist zu besichtigen. Hier verbrachte er seine

Kindheit, Karriere machte er dann freilich in Tennessee; die Stadt Memphis nimmt ihn völlig für sich in Anspruch.

Wer genügend Zeit hat, nicht nur den Trace zu genießen – wofür drei Tage angemessen wären –, der sollte hier in Tupelo abfahren nach Oxford, achtzig Kilometer Richtung Osten. Die Stadt eifert ihrem großen britischen Namensgeber nicht ganz ohne Erfolg nach, und ihr Lebensrhythmus wird deutlich bestimmt von der wohl besten Universität des Staates *(siehe Seite 86)*.

Einigen von uns ist sie besser als Jefferson im Lande Yoknapatawpha bekannt, denn so kennen wir sie aus den Romanen des Oxforder Nobelpreisträgers William Faulkner. Wer den Süden und vor allem Mississippi wirklich kennenlernen will – wozu auch die schönsten Bilder nicht ausreichen –, der lese Faulkner. Anders als die wenigen anderen Künstler von Weltruhm, die Mississippi hervorgebracht hat, ist Faulkner nicht nur zufällig dort geboren, sondern er hat in seinen Romanen Land und Leuten unvergängliche Gestalt gegeben *(siehe Seite 88)*.

Nicht mehr oder minder zufällig lebt in Oxford auch der wohl nicht bedeutendste, aber sicher einer der erfolgreichsten amerikanischen Schriftsteller unserer Tage. Ein bekannter deutscher Kritiker, danach befragt, was er von ihm halte, antwortete schroff: «Keine Zeile gelesen». Der Erfolgsautor mit Millionen Lesern in aller Welt heißt John Grisham.

Weniger um der Kunst willen sollten wir, wieder zurück auf dem Trace, hundert Kilometer später, bei Mathiston, noch einmal abbiegen, wieder etwa achtzig Kilometer, wieder nach Osten fahren, dann kommen wir nach Columbus *(siehe Seite 83)* am Tombigbee, schon dicht an der Grenze zu Alabama. Columbus wurde durch seine Frauen berühmt. Die Stadt war vom Bürgerkrieg weitgehend verschont geblieben. Verwundete beider Kriegsgegner, der Blauen wie der Grauen, fanden dort Aufnahme. Und als der Krieg zu Ende war, wurden die Toten beider Seiten 1866 auf dem gleichen Friedhof begraben. Die das durchsetzten, waren die ersten, die öffentlich dem im Süden noch nicht weit verbreiteten Gefühl Ausdruck gaben, daß dem Bürgerkrieg allenfalls dann ein Sinn gegeben werden könnte, wenn er die United States nicht gespalten, sondern wieder verbunden hätte: «Blumen heilten eine Nation.»

Columbus hatte auch das erste staatliche College für Frauen. Das da sich abzeichnende Frauenbild findet sich nirgendwo in den Stücken des Tennessee Williams wieder, der ein bedeutender Autor war, aber eher zufällig in Columbus geboren. Er blieb auch nicht lange. Die Leute in Columbus bedeuteten ihm wenig. Er ihnen auch.

Einen dritten Abstecher können wir uns sparen. Er hätte nach Laurel geführt, etwa hundert Kilometer südöstlich von Jackson. Nichts hat mich daran erinnert, daß dort die aufregendste Opernsopranistin geboren

Die Kolossalstatue von Vulkan, dem römischen Gott der Schmiede, ragt auf dem Red Mountain in Birmingham in den Himmel. Sie erinnert daran, daß die Stadt einst ein wichtiges Zentrum der Eisen- und Stahlindustrie war.

Diese kleine hölzerne Episkopalkirche steht in Biloxi. Religion spielt in den Südstaaten eine noch größere Rolle als in den übrigen USA, man spricht deshalb auch vom Bible Belt.

Östlich von Huntsville im Norden Alabamas erstreckt sich dieses Maisfeld vor dem Hintergrund einer sanften Hügellandschaft – die Ausläufer der Appalachian Mountains.

Ländliches Alabama: Bei Foley steht dieser «Airstream»-Wohnwagen im Grünen (oben). An einer Straßenkreuzung bei Childersburg (unten).

Fischkutter bei Mobile, der ältesten Stadt in Alabama, deren Leben vom großen, modernen Hafen geprägt ist.

Strandszenen südlich von Mobile, Alabama.

Die der großen Hafenstadt vorgelagerten Inseln Pleasure Island (oben und unten) sowie Dauphin Island bieten Gelegenheit zum Baden und zu einsamen Strandwanderungen.

Die Häuser an der Küste sind häufig auf Stelzen errichtet – zum Schutz vor dem Wasser (Mitte).

wurde, die ich je gehört habe. Sie sang 1952 die Hauptrolle in Gershwins «Porgy and Bess». Das musikalische New York hielt den Atem an. 1961 wurde Leontyne Price, ein Vollblut aus den Südstaaten, aber nicht notwendig aus Laurel, als erste schwarze Diva in das Ensemble der Met aufgenommen.

Zurück zum Trace. Er wird unterbrochen durch die Hauptstadt des Landes, durch Jackson *(siehe Seite 84)*. Wir können durch die Stadt fahren und uns das Kapitol betrachten, das von einem deutschen Architekten dem in Washington nachempfunden wurde. Wir können aber auch, etwa vierzig Kilometer, um Jackson herumfahren. Dann nähern wir uns dem Mississippi und Port Gibson *(siehe Seite 86)*, der ältesten Stadt am Trace, die es noch gibt, während Grand Gulf im Kriege zerstört worden, Rodney im Mississippi untergegangen ist, als der wieder einmal seinen Kurs geändert hatte. Am Ende des Trace begegnen wir, wie allenthalben im ehemaligen Indianerland, einem jener Mounds, vor Jahrhunderten aufgeschütteten Hügeln, die sicher religiöse Bedeutung hatten; mehr darüber in Alabama.

Ehe wir es uns versehen, sind wir auf dem Highway 61, der uns nach Natchez hineinführt.

Erinnerungen an Krieg und Sklavenzeit

Versuchsweise hat man Mississippi in fünf Regionen eingeteilt: das Hügelland (Hill Country), das Delta, das Herzland (Heartland), die Flußstädte (am Mississippi) und die Küste.

Durch das Hügelland – mit den Städten Corinth, Tupelo, Oxford, Grenada, Columbus – sind wir auf dem Natchez Trace Parkway gefahren. Es war immer karg, nie sehr reich und daher durch die verhängnisvolle Aufsplitterung der Plantagen weniger betroffen.

Genau das Gegenteil gilt für das Delta, das schon mancherlei Verwirrung gestiftet hat, auch unter europäischen Reiseschriftstellern. Natürlich hat der Mississippi wie die meisten großen Ströme ein Mündungsdelta. Das liegt in Louisiana und ist völlig unfruchtbar.

Der Mississippi hat aber noch ein zweites Delta. Da mündet nichts. Es liegt in Mississippi und ist eine der fruchtbarsten Regionen Amerikas, vor allem auch dadurch bevorzugt, daß es ganz eben ist. Es hat schon auch mit dem Fluß zu tun. Der hat es sich im Laufe der Jahrhunderte geschaffen durch Anschwemmungen, von denen er sich dann selber wieder zurückgezogen hat. Dieses Delta, mit den Städtchen Tunica, Clarksdale, Greenville und Greenwood, war in der großen Baumwollzeit, so etwa in den Jahren zwischen 1810 und 1860, eine der reichsten Regionen des Südens; deswegen hat es auch durch den Krieg und den Zusammenbruch der Plantagen-Wirtschaft am meisten verloren. Lange war es der verarmteste Teil Mississippis.

MISSISSIPPI-ROMANTIK

Die große Zeit der Mississippi-Fahrten ist über hundert Jahre vorbei, den Anliegern mag der träge, breite Strom nicht mehr sehr nützlich sein – doch für den Reisenden ist von der alten Fluß-Romantik auch heute noch etwas zu spüren.

Links oben: Ein Schaufelraddampfer auf dem Mississippi (Stich von 1848).

Links unten: Schaufelraddampfer fahren auf dem Mississippi – vorbei an weißen Herrenhäusern und den Holzhütten der schwarzen Sklaven.

Der «Entdecker» des Mississippi und der Einwohner von New Orleans haben dem Großen Fluß gegenüber eine zunächst überraschende Haltung gemeinsam: er interessiert sie nicht. Bei dem spanischen Abenteurer Hernando de Soto kann man das verstehen. Als er 1540 in der Nähe des heute nach ihm benannten Sees, zwischen Greenville und Memphis also, auf den wohl tausend Meter breiten Strom stieß, war der ihm nur ein Hindernis auf seiner Suche nach Gold. Aber auch für die Bürger von New Orleans war der große Fluß alles andere als eine reine Freude. Aus der Sprache der Indianer übersetzt, bedeutet Mississippi Großer Fluß. «Vater der Flüsse», wie manchmal gesagt wird, klingt zwar poetischer und läßt sich auch besser singen («Ole Man River»), aber es stimmt nicht.

Am Anfang war New Orleans ein großer Sumpf, und sumpfig ist es lange geblieben. Die Menschen starben massenweise an Gelbfieber. Derlei braucht der Besucher heute nicht mehr zu fürchten. Aber noch immer genügt ein starker Hurrikan, um ganze Stadtteile unter Wasser zu setzen. Andererseits verdankt es New Orleans dem Mississippi, daß es im 19. Jahrhundert die reichste Stadt Amerikas geworden ist. Als es gelang, den Mississippi schiffbar zu machen, gewann New Orleans den Anschluß an die Welt, die nordamerikanische wie die übersee. Mit Recht trug das erste Schiff, dem es 1811 gelang, von Pittsburgh den Ohio hinunter, in den Mississippi und nach acht Monaten Fahrt ans Ziel zu kommen, den Namen «New Orleans». Das Verdienst gebührt dem Reeder Robert Fulton und seinem Kapitän Nicholas Roosevelt.

Es war nicht gerade eine glückliche Reise. Der Mississippi war ein tückischer Fluß durch Stromschnellen, Sandbänke, Baumstämme, die quer im Wasser lagen. Der wichtigste Mann an Bord, viel wichtiger als der Kapitän, war der Lotse, der jede Meile des Flusses kannte – was alles sehr schön in Mark Twains «Life on the Mississippi» (1883) nachgelesen werden kann.

Ein entscheidender Fortschritt gelang 1816 dem louisianischen Schiffbauer Henry Miller Shreve, der dann der «Vater der Mississippi-Schiffahrt» genannt wurde. Ihm war klar geworden, daß Mississippi-Dampfer einen besonders starken Motor brauchten und eine flache Plattform; denn stellenweise beträgt die Wassertiefe kaum mehr als einen Meter. Die Schaufelräder setzte er statt ans Heck an die beiden Seiten. Ein zweites Deck wurde aufgesetzt, um Raum zu gewinnen für Ladung und Passagiere.

Jetzt konnte es richtig losgehen. 1814 hatten kaum zwanzig Dampfer New Orleans angelaufen; zwanzig Jahre später waren es 1200. Die Einwohnerzahl der Stadt verdoppelte sich. Der Hafen konnte es mit dem von New York aufnehmen.

Mitte: Schaufelraddampfer im Hafen von New Orleans (Druck nach einem Gemälde von H. V. V. Sebron, 1853).

Rechts: Schwerbeladen fährt dieser Baumwolldampfer auf dem Mississippi. Bis zum Ausbau des Eisenbahnnetzes in Richtung Süden war der Fluß der wichtigste, da praktisch einzige Transportweg für Baumwolle, Zuckerrohr und Reis aus Mississippi und Louisiana ans Meer oder in den Norden.

Wer es sich leisten konnte, wollte auf dem Mississippi fahren. Den Passagieren mußte etwas geboten werden. Die Lounge war schöner und vor allem romantischer als jedes moderne Hotel-Foyer. Die Bar war vortrefflich bestückt und immer proppenvoll. Die Köche waren aus den besten Restaurants weggekauft. Die reichen Passagiere hatten natürlich Kabinen. Die beliebteste Fahrt, New Orleans – Natchez, dauerte am Anfang noch fünf Tage; 1835 waren es nur noch zwei, und 1853 schaffte man es in achtzehn Stunden. Aber man konnte ja weiter fahren. Vicksburg, Memphis, St. Louis und Louisville waren beliebte Ziele für die Prachtschiffe, die inzwischen so dekoriert waren, daß man sie schwimmende Geburtstagstorten nannte.

Bei all dem darf die Nutzlast nicht vergessen werden. Alles wurde befördert: Reis, Zuckerrohr, Holz und – im Goldenen Zeitalter des Südens das Gold – Baumwolle.

Inzwischen wurde auch fleißig am Fluß gearbeitet. Der fließt von der Ohio-Mündung flußabwärts nur noch in Kurven und Windungen, und immer wieder suchte er sich ein neues Bett. So etwas zu einem Grenzfluß zu machen (zwischen Mississippi und Arkansas), war nicht sehr klug, und es hat auch genug Streit darum gegeben.

Biegungen mußten begradigt werden, Sandbänke abgetragen, Fahrrinnen ausgebaggert, Deiche gezogen und Signale gesetzt. Die Lotsen sahen das nicht gern. Alte Fahrensleute wie Mark Twain beklagten sich: nun kann man auf dem Mississippi fahren wie auf einem Kanal.

Das war alles zu Ende, als 1861 statt der Raddampfer Kanonenboote den Fluß beherrschten. Noch nachteiliger auf die Schiffahrt wirkte sich die Eisenbahn aus. Heute gibt es nur noch wenig Schiffsverkehr. Billige Lasten werden noch auf Schleppkähnen transportiert. In jedem Mississippi-Hafen gibt es Rundfahrten in die Umgebung. Drei den alten Raddampfern nachgebildete Schiffe – die «Delta Queen», die «Mississippi Queen» und die «American Queen» – fahren auch größere Strecken für Touristen, mit Vorliebe von New Orleans nach Natchez. Die Bars sind noch wie einst, die Küchen nicht.

Für die Anlieger mag der Fluß manchmal eher lästig sein. Für die Fremden ist er nach wie vor eindrucksvoll und zuweilen – vielleicht weniger zwischen New Orleans und Baton Rouge, eher zwischen Natchez und Vicksburg – sogar romantisch.

Zu sehen bekommt er ihn freilich vom Ufer aus hinter den hohen Deichen selten. Uns mißfiel das. Also nutzten wir einen kleinen Weg, um von der Straße auf den Deich hinaufzufahren. Da sah er doch recht stattlich aus, der träge, breite, braune Fluß. Der Weg oben auf dem Deich war freilich eng und fiel an beiden Seiten steil ab, an Wenden nicht zu denken. Als wir auch nach einer Stunde an keinen Weg gekommen waren, der uns wieder hinunter auf die Straße geführt hätte, wurde es uns doch ein bißchen mulmig da oben. Die Leute von unten betrachteten uns glücklicherweise eher amüsiert als empört. Irgendwo ging es dann endlich doch wieder runter. Vor Nachahmung wird gewarnt. Aber schön war es doch. *Rudolf Walter Leonhardt*

Wer sich im Norden Mississippis aufhält, sollte einen Abstecher nach Memphis in Tennessee machen. Einst Baumwollhauptstadt am Mississippi, ist Memphis heute vor allem als Geburtsort von Blues, Soul und Rock 'n' Roll Ziel musikbegeisterter Touristen.

Wenn es Nacht wird in Memphis, locken zahlreiche Musikclubs wie hier in der belebten Beale Street (oben).

Schwimmen im Luxus: Eine Attraktion besonderer Art ist der Ententeich aus Marmor in der Lobby des Peabody-Hotels (unten).

Nicht viel besser geht es dem sogenannten Herzland, mit anderen Worten: der Industrielandschaft, die sich um die Hauptstadt Jackson gebildet hat. Zu ihr gehören die Städte Meridian, Laurel und Hattiesburg.

Besser dran sind die Städte am Fluß. Sie profitieren noch von ein bißchen Schiffsverkehr auf dem Mississippi. Und sowohl Vicksburg wie Natchez haben vom Krieg profitiert. Vicksburg, weil dort eine der letzten entscheidenden Schlachten geschlagen wurde und es daher besonders viel vorzuweisen hat, was an den Krieg erinnert. Und für unsereinen ist es erstaunlich zu sehen, in welchen Scharen Amerikaner strömen, um sich an den Krieg erinnern zu lassen. Was dem Besucher angeboten wird, sind Schlachtfelder, Friedhöfe, Denkmäler und Museen (wo es meistens wieder um den Krieg geht).

Aber auch Natchez *(siehe Seite 85)*, das sich anders als Vicksburg so bald wie möglich aus dem Krieg herausgehalten hat, verdankt dem Krieg und der Sklavenzeit viel touristische Aufmerksamkeit. Im goldenen Zeitalter der Baumwolle hatte es vor allem als Hafen und Umschlagplatz für den Schiffsverkehr gut verdient. Die reichen Leute bauten sich Herrenhäuser im Plantagenstil, zu denen meistens keine Plantagen, also auch keine Sklaven gehörten. Wichtig war, daß diese in Natchez noch so zahlreich wie sonst nirgendwo erhaltenen Häuser «ante bellum», vor dem Krieg gebaut waren. Besichtigungstouren dieser Häuser ab 1932 dürfen als Anfänge des Tourismus gesehen werden. Die Ehrfurcht oder Begeisterung, mit der im Süden «ante bellum» gesagt wird, vor allem im Zusammenhang mit Gebäuden und ihren Einrichtungen, aber keineswegs nur so, läßt einen doch nachdenklich werden, der sich erinnert, daß dies die Zeit der Negersklaverei war. Und dann diese Nostalgie!

Schließlich die Küste mit den Städten Gulfport, Biloxi und Pascagoula, die fast ohne Unterbrechung ineinander übergehen. Zunächst sorgte das Pentagon dafür, daß es dort Arbeit und Lohn gab auf den Werften, die vor allem Kriegsschiffe oder im Kriege brauchbare Schiffe produzierten. Vor ein paar Jahren jedoch hat die Regierung von Mississippi das Glücksspiel freigegeben. Am Strand entsteht ein Spielcasino neben dem anderen. Die Kugel und die Würfel rollen, die Karten wimmern nach Black Jack, die einarmigen Banditen rasseln wie in Las Vegas oder, um am Strand zu bleiben, wie in Nassau. Der Dollar rollt in die Staatskassen. Lange werden die neidischen Nachbarn Louisiana und Alabama nicht widerstehen können.

ALABAMA: DER SIEG DER SONNE

Seitdem die Amerikaner 1803 das Gebiet den Franzosen abgekauft hatten, gehörte Alabama zum Territorium Mississippi, von dem es jedoch losgelöst wurde, ehe es 1819 ein eigener Staat werden konnte. Der Staat Alabama

Zahlreiche beeindruckende Brückenkonstruktionen überspannen den Mississippi River, wie hier in Memphis (oben) und Natchez (unten).

In den Südstaaten wird Tradition großgeschrieben.

Während des Spring Festival in Port Gibson, einer Stadt am Natchez Trace Parkway (siehe Seite 86), kleidet man sich mit historischen Gewändern.

Zur Zeit der Pilgrimage Tours öffnen die Besitzer der Antebellum-Villa Twin Oaks in Natchez ihr Haus für neugierige Besucher. Stolz präsentiert dann die Hausherrin (im Türrahmen) mit ihrer Verwandtschaft in traditioneller Kleidung die prachtvollen Räume.

Tage voller Nostalgie: Während der Pilgrimage-Wochen werden ausgelassene Feste gefeiert, etwa während des Spring Festival in Port Gibson (oben) – oder Touristen durch prunkvolle Villen geführt, wie hier in Elms Court in Natchez (unten).

liegt außerhalb des Mississippi-Beckens und hat seinen eigenen Hauptfluß, den Alabama, entstanden aus dem Coosa und dem Tallapoosa. Nachdem er den Tombigbee als Nebenfluß aufgenommen hat, gabelt er sich in den Mobile und den Tensaw, die in den Golf von Mexiko münden. Diesem Flußsystem verdankt das Land Wasserwege, die dem noch ungezähmten Mississippi überlegen waren. Sie machten Mobile zur wichtigsten Hafenstadt.

Symbol-Vogel Alabamas ist die Goldammer (Yellowhammer), weswegen es sich auch Goldammerstaat oder (früher besonders gern) «Heart of Dixie» nannte. Staatsbaum ist die Kiefer des Südens, Staatsblume die Kamelie. Die Flagge ist quadratisch (so wie es die der Konföderierten Staaten war) und trägt das rote Andreaskreuz auf weißem Feld. Der Leitspruch Alabamas heißt: «Wir wagen es, unsere Rechte zu verteidigen.»

Wenn man nicht sehr genau hinschaut, erscheinen die Staaten Alabama und Mississippi einander recht ähnlich. Sie werden auch oft genug verwechselt. Beide senken sich von einem Bergland im Norden in eine fruchtbare Ebene (wegen der Erdfarbe «black belt» genannt) und über einen Küstenstreifen zum Golf von Mexiko hin. Wald und Wasser bestimmen das Landschaftsbild. Beide Staaten waren bevorzugte Siedlungsgebiete der gleichen Indianerstämme: Chickasaws, Cherokees, Muskogees (Creeks) und Choctaws. Beide sind nach dem indianischen Namen ihres Hauptflusses benannt, und man ist sich nicht so ganz klar darüber, was er bedeutete. Beim Alabama schwanken die Sprachhistoriker zwischen «Waldroder» und «Hier ruhen wir».

Wahrscheinlich war am Black Warrior River im heutigen Alabama ein Kulturzentrum der Indianer. Wir schließen das aus den vielen Mounds, die überall auf diesem Gebiet zu finden sind. So weit die Forschung reicht, stammen die ältesten aus dem 8. Jahrhundert und sind künstlich errichtete, plattformartige Erhebungen, auf denen die wichtigsten Gebäude des Stammes standen. Bis zu fünfzig von ihnen waren gruppiert um einen großen Platz, der kultische Bedeutung hatte. Liebevoll rekonstruiert finden wir das alles in Moundville, südlich von Tuscaloosa *(siehe Seite 74)*.

Tuscaloosa ist übrigens benannt nach dem Häuptling des Indianerstammes, der das erste Massaker durch Europäer, nämlich Spanier unter dem bekannten Abenteurer Hernando de Soto, zu erleiden hatte. Tausende von Indianern sollen damals, 1540, umgebracht worden sein. Alabama war wichtiger Schauplatz des gewissermaßen ersten amerikanischen Bürgerkrieges so wie später des zweiten und des dritten. Der erste dauerte bis zur Schlacht von Talladega und Horseshoe Bend, wo 1814 der amerikanische Truppenführer Andrew Jackson auch die letzten Creeks und Cherokees aus Alabama vertrieb. Schon hundert Jahre vorher hatten die Franzosen Skla-

Der Stolz ist ungebrochen. Südstaatlerinnen vor der Villa D'Evereux in Natchez.

ven ins Land geholt, um die fruchtbare Mitte zwischen Süd und Nord zu kultivieren. Das lief am Ende, wie in Mississippi, hinaus auf riesige Monokulturen, vor allem von Baumwolle. Die an der Baumwolle verdienten, oft sehr viel verdienten, bauten sich jene noch heute bewunderten Antebellum-Villen.

Das Ende des reichen Antebellum war der zweite (und einzige wirklich so genannte) amerikanische Bürgerkrieg *(siehe Seiten 34/35)*. Und wieder spielte Alabama eine entscheidende Rolle. Montgomery, seit 1846 Hauptstadt Alabamas, wurde am 8. Februar 1861 die erste Hauptstadt der Konföderation gegen die Union. Der erste Schuß im Krieg wurde zwar in South Carolina gefeuert – aber der Befehl dazu kam aus Alabama, von Leroy Pope Walker, dem Kriegsminister der Konföderierten. Im Februar 1861 leistete Jefferson Davis seinen Eid als gewählter Präsident der Südstaaten auf den Stufen des Kapitols von Montgomery.

Von der Zeit des Wiederaufbaus (der «reconstruction») an gewann Alabama gegenüber Mississippi einen Vorsprung, den es bis heute gehalten hat. Man war dort schneller bei der Umstellung der Landwirtschaft auf verschiedenartige Produkte. Neben, und bald vor, die Baumwolle traten Reis, Tabak, Zucker, Sojabohnen, Obst. Das hatte man von den Farmern im gebirgigen Norden lernen können, die nie den Raum gehabt hatten für riesige Monokulturen. Wichtiger als der Export von Baumwolle wurde – das übrigens auch in Mississippi – der Export von Holz, Industrieholz wie Bauholz.

Auch hatte Alabama, anders als Mississippi, einen funktionstüchtigen Hafen für Überseeschiffe. Zwar ist die Mobile Bay nur vier Meter tief, aber eine Fahrrinne von zwölf Metern wird ständig ausgebaggert. Mobile *(siehe Seite 73)* wurde gegründet vom gleichen Jean-Baptiste Le Moyne, Sieur de Bienville, der 1718 auch New Orleans gegründet hat – aber sieben Jahre früher! Es kann sich an Weltoffenheit mit New Orleans messen. Es ist auch genau so katholisch, und sein Mardi gras steht dem so viel berühmteren in New Orleans kaum nach. Schon als die Südstaaten in Washington noch verpönt waren, hatte Mobile im Pentagon gute Freunde.

Das Wichtigste jedoch für Alabama nach dem Bürgerkrieg war, daß es im Norden reichlich Eisenerz und Kohle gab. Dadurch wurde Birmingham wie Mobile eine reiche Stadt im armen Alabama, stolz überragt von der 17 Meter hohen Statue des Schmiedegottes Vulkan auf einem 38 Meter hohen Sockel – «das Pittsburgh des Südens» *(siehe Seite 72)*. Sein Reichtum kam freilich nur zum Teil anderen im Staat Alabama zugute. Denn die gewaltigen Investitionen, die notwendig waren, um Erz und Kohle zu fördern und dann zusammenzubringen, konnten nur mit Hilfe von Kapital bewältigt werden, das nicht aus Alabama kam.

In den Faschingstagen steht New Orleans Kopf. Am Mardi Gras, wie hier der Karneval genannt wird, finden rund 50 Umzüge und etwa 90 Bälle statt. In verwegenen Kostümen wird in den Straßen marschiert und getanzt (oben), und auch zurückhaltender verkleidete Zeitgenossen genießen die ausgelassene Stimmung (unten).

Einen «Happy Mardi Gras» wünscht diese Schönheit in der Bourbon Street den Teilnehmern des unter ihrem Balkon vorbeiparadierenden Faschingszugs.

Bourbon Street ist wohl die bekannteste Straße in New Orleans. Hier drängen sich Bars, Musikclubs und – Touristen.

Warsteiner Beer
OPEN
TO CORNER
ANYTIME
ANY TIME
WATCH IT

«Erdbeeren, frische Erdbeeren, aromatisch und süß!» Straßenverkauf in Louisiana in der Nähe von Burnside.

In den Hallen des French Market in New Orleans gibt es alles, was das Herz (und der Magen) begehrt – frisch oder in Dosen und Gläsern.

Die Küche in Louisiana ist eine der besten in den USA. Gekocht wird vornehmlich auf zwei Arten, «creole cooking» oder «cajun cooking». Beide Küchen sind sehr schmackhaft, die kreolische ist etwas raffinierter, die Cajun-Küche kräftiger und immer stark gewürzt (siehe auch Seite 79).

Ein Blick in die Küche von «Mulate's Restaurant» in Lafayette (oben).

Im Restaurant «The Cabin» in New Orleans kommen Spezialitäten wie Catfish, Red Beans and Rice und Cornbread auf den Tisch (unten).

Das war und blieb die Schwäche Alabamas: Ob es um Stahl ging oder um Elektrizität aus Wasserkraft, ob um Holz oder auch nur um landwirtschaftliche Produkte, das Kapital kam zum großen Teil von auswärts, und dorthin floß deswegen auch ein großer Teil der Erträge. Unternehmen, die nach Alabama zogen, erwarteten dort niedrige Löhne und niedrige Steuern. Die Einheimischen fühlten sich ausgebeutet. Viele, vor allem auch Schwarze, zogen in Nachbarstaaten oder ganz nach Norden.

Die beiden Weltkriege in Europa belebten in Amerika noch einmal die Produktion. Davon profitierte auch Alabama. Es ging eigentlich allen ganz gut. Dann jedoch kamen die große Krise und der dritte Bürgerkrieg.

Die alten Industrien hatten ausgewirtschaftet. Am deutlichsten wurde das bei den Stahlwerken. Die Förderbänder standen still: im Ruhrgebiet wie in Birmingham (England) wie in Birmingham (Alabama). Die Armut kehrte zurück, am drückendsten natürlich dort, wo sie nie ganz beseitigt war, so wie in Alabama. Die armen Weißen, die es ja auch gab, fühlten ihr Einkommen geschmälert, ihre Arbeitsplätze bedroht durch die noch ärmeren Schwarzen.

Der Neue Süden

Ganz aufgehört hatten die Spannungen zwischen Schwarzen und Weißen nie; im Süden lagen ihre Rollen als Sklaven und Sklavenhalter ja erst hundert Jahre zurück. Solange es allen gut ging, ging alles gut. Vor allem in der Welt des Sports und im Reich der Musik fanden Schwarze höchste Anerkennung, begeisterte Fans.

In Alabama wurden geboren: William C. Handy, der «Vater des Blues», 1873 in Florence; Nat King Cole, Jazz-Pianist und Sänger, 1917 in Montgomery; Joe Louis, Gegner Max Schmelings, 1937 bis 1949 Weltmeister im Schwergewichtsboxen, 1914 in Lexington; Jesse Owens, vierfacher Olympiasieger in Berlin 1936 (Sprint und Weitsprung), 1913 in Danville.

Noch einer berühmten Frau aus Alabama muß gedacht werden, obwohl sie weder mit Musik noch mit Sport etwas zu tun hatte. In Tuscumbia kann man das Geburtshaus von Helen Keller (1880–1968) besichtigen, die, selber blind und taubstumm, anderen helfen konnte, damit zu leben. Über sie erzählt William Gibson eine dramatische Geschichte «The Miracle Worker».

Der dritte Bürgerkrieg war eine Folge des zweiten, des Civil War von 1861 bis 1865. Und es fing alles so harmlos an. Wieder in Alabama. Am 1. Dezember 1955 kam die zweiundvierzigjährige Näherin Rosa Parks müde von der Arbeit und setzte sich in den vorderen, den «weißen» Teil des Omnibusses. Sie gab, auch dazu aufgefordert, ihren Platz für einen Weißen nicht frei. Daraufhin wurde sie wegen «zivilen Ungehorsams» von der Polizei festgenommen.

NICHT NUR JAZZ

Musik im Tiefen Süden

In New Orleans wurde der Jazz geboren, in Memphis der Blues, Elvis Presley stammt aus Alabama, und die Cajuns tanzen während ihrer ausgelassenen Fais-do-dos bis tief in den Morgen hinein ...

Crawfish Season im Cajun Country. Im Mulate's, einer stimmungsvollen Cajun-Kneipe bei Lafayette, sitzen sie an großen Tischen und knacken die roten Krebse. Ward Lormand greift in die Tasten seines Akkordeons, die Band fällt mit Fiddle, Gitarre, Baß und Schlagzeug ein, und aus den Boxen dröhnt rhythmische Cajun-Musik. Die ersten Paare wirbeln über die Tanzfläche. Im Mulate's ist «party time», jeden Abend, das ganze Jahr. Die Krebse werden mit kühlem Bier heruntergespült, und dann gibt es kein Halten mehr. Bei melodiöser Cajun-Musik und stampfender Zydeco-Musik, der kreolischen, schwarzen Variante, hält es keinen mehr auf den Stühlen. Der Fais-do-do beginnt, die Lichter flackern, und Einheimische und Touristen tanzen bis in den frühen Morgen.

Die Cajuns kommen aus Kanada. Französische Siedler aus der Bretagne hatten sich dort an der Ostküste niedergelassen und ihre neue Heimat Acadien genannt. Nach dem Siebenjährigen Krieg wurden die meisten Acadiens von den Engländern vertrieben. Sie landeten an der Küste von Louisiana und ließen sich westlich von New Orleans nieder. Das französische Acadien wurde zu «Cajun» verballhornt und bezeichnet heute die Nachkommen der französischen Siedler, ihre Kultur, ihr Essen und ihre Musik. In der Cajun- und Zydeco-Musik verbanden sich die melodiösen Elemente aus Frankreich, die elementare Leidenschaft der spanischen Musik und der stampfende Rhythmus der Afrikaner zu einer eigenständigen Tanzmusik, die besonders vom harmonischen Sound des Akkordeons und der Fiddle geprägt ist.

In New Orleans spielen sie noch immer den Jazz. Die Stadt am Mississippi lebt, atmet und zelebriert diese Musik, nicht nur beim alljährlichen Jazz Festival. Die Geschichte dieser Musik begann bereits im 16. Jahrhundert, als die ersten Sklavenschiffe an der Küste anlegten, und die Schwarzen auch ihre Kultur und ihre Musik aus Afrika mitbrachten. Auf den Feldern erleichterten rhythmische Working Songs die Arbeit. Nach dem Bürgerkrieg, als viele Schwarze in den Städten arbeiten durften, vermischte sich ihr Rhythmus mit den Liedern der spanischen, französischen und englischen Einwanderer. Der Dixieland ent-

Ganz links: Louis Armstrong (1900–1971) stammt aus New Orleans. Er ist der wohl bekannteste Jazzmusiker.

Links oben: Ein typisches Instrument des Blues – die Mundharmonika. Im Bild Sonny Boy Williamson.

Links unten: Mehrere bekannte Blues-Musiker stammen aus Clarksdale, darunter John Lee Hooker (geb. 1917).

Oben: In New Orleans ist Jazz noch sehr lebendig. Hier im «Maison Bourbon».

Ganz rechts: Der Country-Musiker Hank Williams starb nach großen Erfolgen 1953 im Alter von nur 29 Jahren.

Rechts unten: Im Rock 'n' Roll verbinden sich Country-Musik und Rhythm & Blues zu einer neuen kraftvollen Musikrichtung. Einer ihrer bedeutendsten Vertreter ist Little Richard (geb. 1935).

stand, eine rhythmische Mixtur aus verschiedenen Musikstilen. Aus der Marschmusik der deutschen und italienischen Blaskapellen entstand in den schwarzen Vierteln der Jazz, die ersten schwarzen Brass Bands musizierten in dunklen Kneipen, und in Kansas City setzte sich Scott Joplin (1868–1917) ans Klavier und erfand den Ragtime. Aus den Spirituals und Hymnen der Schwarzen entwickelte sich die Gospel Music. Buddy Bolden (1868–1931) ging als erster schwarzer Jazzmusiker in die Geschichte ein, weigerte sich aber, die erste Jazz-Platte aufzunehmen, aus Angst, es würde dann jeder seine Songs spielen.

Der kommerzielle Jazz entwickelte sich in Storyville, dem einstigen Rotlichtbezirk von New Orleans. In den zweifelhaften Etablissements spielten schwarze Jazzmusiker für spendable Kunden. 1917 ließ die Regierung den Bezirk schließen, und die schwarzen Musiker wanderten nach Chicago und New York ab, wo der Jazz vor allem in den zwanziger und dreißiger Jahren florierte. Unter den Musikern, die aus New Orleans vertrieben wurden, war auch Louis Armstrong (1900–1971). «Satchmo», wie ihn seine Fans nannten, kommerzialisierte den Jazz und machte ihn auf der ganzen Welt bekannt. Duke Ellington (1899–1974) und Count Basie (1904–1984) wurden nach der Ära des Swing berühmt.

In New Orleans haben sie Louis Armstrong ein Denkmal gesetzt und einen Park nach ihm benannt. In Storyville wird längst wieder musiziert, und auch die Touristenkneipen im French Quarter leben von der großen musikalischen Tradition der Stadt. Der Rhythm & Blues und die Rockmusik haben den Jazz zwar inzwischen aus den Charts verdrängt, aber der ursprüngliche Jazz wird noch immer gespielt, und der Geist vom alten «Satchmo» ist nach wie vor lebendig.

Weiter nördlich, am Ufer des Mississippi und in Memphis, spielen sie den Blues. William Christopher Handy (1873–1958) schrieb im Jahr 1909 den «Mr. Crump's Blues», den ersten Blues der Musikgeschichte und wurde mit einem Denkmal in der Beale Street geehrt. Die melancholische, gefühlsbetonte Musik wurde zur Domäne vieler schwarzer Musiker, die in Memphis und im Mississippi-Delta musizierten. Der Rhythm & Blues wurde zur Hit Music der Afro-Amerikaner und verband sich später mit den weißen Klängen von Elvis & Co. zum Rock'n'Roll. Aus dem Rockabilly, einer rhythmischen Variante des Rock'n'Roll, entwickelte sich schließlich die Country Music, die auch Elemente des Blues und der Folklore der europäischen Einwanderer enthält und sich vor allem in den späten achtziger Jahren zur erfolgreichsten populären Musik des amerikanischen Südens entwickelte. *Thomas Jeier*

Das stilvolle Restaurant «Court of Two Sisters» im French Quarter in New Orleans.

Eine Vereinigung von Schwarzen unter dem sechsundzwanzigjährigen Baptisten-Prediger und Doktor der Theologie Martin Luther King beschloß, den gesamten Omnibusverkehr in Montgomery zu boykottieren. Der Boykott wurde fast ein Jahr lang durchgehalten und war das Signal zum gewaltlosen Widerstand gegen jede Art von diskriminierender Rassentrennung, der sich über den ganzen Staat ausweitete und schließlich auf die Nachbarstaaten übergriff. Er artikulierte sich vor allem in Demonstrationszügen und Blockaden (Sit-ins). Aber der Widerstand der Schwarzen provozierte den Widerstand der

Weißen. Das konnte auf die Dauer nicht gewaltfrei bleiben. Und die Regierung in Washington konnte sich nicht heraushalten. Mit dem Voting Rights Act vom August 1965 hoffte Präsident Johnson, die Gemüter beruhigt zu haben. Fünf Tage später kam es wohl nicht zur ersten, so doch zur blutigsten Schlacht dieses langen Bürgerkrieges: Ein Aufstand der Schwarzen in Watts, einem Stadtteil von Los Angeles, endete mit Millionenschäden und 34 Toten.

Es folgte noch die Ermordung Martin Luther Kings am 4. April das Jahres 1968 in Memphis und der demonstrative Verzicht auf Gewaltlosigkeit: Black Power. Aber damit hatte Alabama nicht mehr zu tun als andere Staaten. Ehe der dritte Bürgerkrieg zu Ende ging, so unerklärt, wie er angefangen hatte, war er eine Sache der ganzen Nation geworden.

Bis zum Ende jedoch hatte der berüchtigte, eigensinnige und reaktionäre George Corley Wallace Alabama geschadet. Schon als er 1963 zum Gouverneur gewählt worden war, hatte er erklärt: «Rassentrennung heute, Rassentrennung morgen, Rassentrennung ewig!» Ein ökonomisches Problem war Alabama schon immer. Jetzt war es zum moralischen Problem geworden. Es war eines zum anderen gekommen, als der Ruf Alabamas in den sechziger Jahren seinen Tiefpunkt erreicht hatte: schlechte Schulen, unzureichende Krankenversorgung, kulturelle Unterernährung, südafrikanische Verhältnisse.

Dabei hatten Professoren und Politiker, Techniker und Unternehmer schon lange von einem Neuen Süden, auch einem neuen Alabama geträumt. Es war auch durchaus schon einiges geschehen. Die neue Hoffnungsstadt war Huntsville, ganz im Norden *(siehe Seite 73)*.

Während er bei seiner «A Cajuns Man Swamp Tour» durch die Sümpfe von Louisiana fährt, unterhält der Führer die Touristen mit dem Akkordeon. Die Cajuns, Nachfahren französischer Siedler aus Kanada, leben hauptsächlich im Küstengebiet westlich von New Orleans (siehe Seite 54).

Am 31. Januar 1958 glückte der Start des ersten amerikanischen Satelliten, Explorer I, in den Weltraum. Er war entwickelt worden im Ballistic Missile Center der U. S. Army in Huntsville. Die Stadt spezialisierte sich jetzt auf Weltraum. 1960 wurde das George C. Marshall Space Flight Center gegründet, wobei der deutsche Raketenforscher Wernher von Braun maßgeblich beteiligt war. Huntsville wurde Großstadt. Nach und nach kamen andere Unternehmen. Als bisheriger Höhepunkt wird der Aufbau eines Autowerkes von Mercedes gesehen, wo 1500 einheimische Arbeiter jährlich 70 000 geländegängige Fahrzeuge bauen sollen.

Der Standort ist nicht Huntsville, aber doch glücklich gewählt: auf der grünen Wiese zwischen der alten Industriestadt Birmingham, die sich inzwischen zu einem Zentrum der modernen Medizin entwickelt hat, und Tuscaloosa, der liebenswertesten Stadt Alabamas schon um ihres sehr lebendigen Kulturlebens willen.

Vieles hat sich rapide geändert in Alabama während der letzten dreißig Jahre. Man spürt ein neues Selbstbewußtsein. Jetzt werden die Vorzüge betont: die nirgendwo weit entfernten Wälder, Flüsse und Seen; die Wärme, die ein reiner Segen ist, seit es Klimaanlagen gibt, die gegen ein Zuviel schützen. Und die Küste war schon immer schön. Nicht zufällig gibt es zwischen Mobile und den Gulf Shores *(siehe Seite 73)* eines der schönsten (nicht billigsten) amerikanischen Ferienhotels, Marriot's Grand Hotel an der Mobile Bay in Point Clear.

Bemühungen, mehr Touristen zu gewinnen für dieses wunderschöne Land, sind in vollem Gange. Der schlechte Ruf des Südens stammt im Grunde aus dem Bürgerkrieg. Heute leiden vor allem Mississippi und Alabama noch darunter. Man will da nicht mehr Bible Belt sein (das fand man immer eher peinlich) und nicht mehr Cotton Belt (was seit mehr als hundert Jahren nicht mehr wahr ist), sondern Teil eines von Florida bis Kalifornien reichenden Sunshine Belt.

Eine Tour durch die nahegelegenen Sümpfe sollte man sich während eines Besuchs in New Orleans nicht entgehen lassen. In der Nähe von Houma.

In den Sumpfgebieten am Lake Charles westlich von New Orleans.

Das «weiße Schloß von Louisiana», die Nottoway Plantation bei Baton Rouge, ist heute Hotel und Restaurant.

SCHWARZES LEID, WEISSE PRACHT

Der amerikanische Süden verdankte seinen Reichtum aus dem Baumwollanbau den billigen Arbeitskräften der schwarzen Sklaven. Holzstich, 19. Jahrhundert.

Anfang des 17. Jahrhunderts wurden die ersten afrikanischen Sklaven in die Südstaaten der USA gebracht, und auch als der überseeische Sklavenhandel offiziell schon längst abgeschafft war, hielt der Süden an der «Peculiar Institution» (der «besonderen Einrichtung») der Sklaverei fest. Im folgenden ein Text von Marcus Junkelmann.

Die Vorstellungen, die man sich vom Leben im «Ante-Bellum»-Süden, dem legendären Süden vor dem Bürgerkrieg macht, sind von Klischees geprägt. Keineswegs waren alle weißen Südstaatler Plantagenbesitzer und Sklavenhalter. 1860 gab es im Süden 1 469 094 weiße Familien, von denen 383 635 eine Gesamtzahl von 3 953 696 Sklaven besaßen, also nur 27%. Fast die Hälfte dieser sklavenhaltenden Familien hatte weniger als fünf Sklaven, was ihnen schwerlich ein aristokratisches Herrenleben ermöglicht haben dürfte.

Erst der Besitz von wenigstens 50 Sklaven, von denen ja ein erheblicher Teil Kinder und alte Leute waren, dürfte es rechtfertigen, von einem Plantagenbetrieb zu sprechen, und das galt für lediglich 8000 Familien. Von ihnen hatten 2000 über 100 Sklaven, ein Dutzend über 500.

Die Mehrzahl der großen Plantagen lag in den fruchtbaren Niederungen entlang den Küsten und den schiffbaren Flüssen. In diesen Gebieten bestand die Bevölkerung oft zu 60 bis 70% aus Negern, ... während in den Bergregionen der Sklavenanteil selten über 10% hinausging. Das heißt, die fruchtbarsten, für den Baumwollanbau am besten geeigneten Böden befanden sich ganz überwiegend in der Hand der großen Pflanzer und wurden mit dem effizientesten Arbeitssystem ausgebeutet. ...

Wenn ihre Zahl auch nur einen Bruchteil der weißen Bevölkerung betrug, war es

Nach dem Ende der Sklaverei arbeiteten viele Schwarze als Lohnarbeiter auf den Plantagen.

Mitte: Die kolorierte Kreidelithographie von 1886 gibt einen Überblick über die arbeitsintensiven Abläufe während der Baumwollernte.

Links: Die anstrengende Arbeit des Baumwollpflückens war nach wie vor Arbeit der schwarzen Bevölkerung.

Rechts: «Arbeitsteilung»: Nach der Ernte wird die Baumwolle von der Tochter des Plantagenbesitzers gewogen.

doch die Schicht der großen Pflanzer, die der Gesellschaft und der Kultur des Südens ihren Stempel aufdrückte. In den Händen dieser wenigen tausend Familien lag nicht allein der größte Teil des Reichtums der Region, sondern sie übten auch einen ganz unverhältnismäßigen politischen Einfluß aus und verkörperten ein in seltener Einmütigkeit akzeptiertes Leitbild. ...
Der ... «Southern Gentleman» ... gab so dem Selbstbewußtsein der Südstaatler einen einheitlichen Charakter. Trotz der gewaltigen Vermögensunterschiede kam es innerhalb der weißen Gesellschaft zu keinen ernsthaften Spannungen. Das ... Leitbild des Pflanzeraristokraten auf der einen

Blick zurück in düstere Zeiten: «Sklavenmarkt», Gemälde von Eyre Crowe, 1852.

Seite und das Gegenbild des Negersklaven, über den man, mochte man noch so tief sinken, durch die Hautfarbe erhaben war, auf der anderen, schlossen die Weißen ... zusammen und ließen sie alle ... mit Überzeugung hinter der ... Sklaverei stehen.
Die Mentalität und das öffentliche Leben der Südstaaten waren gleichzeitig aristokratisch und basisdemokratisch geprägt, beiden entsprach ein quer durch alle Gesellschaftsschichten gehender und das normale amerikanische Maß noch überschreitender Individualismus ... Er fand seine Grenzen in einer ausgeprägten Traditionsgläubigkeit und in einem sich ständig versteifenden Festhalten an ... gemeinsamen Grundüberzeugungen, die in Zweifel zu ziehen niemand ungestraft wagen durfte. ...
Die weltoffene, liberale Tradition ... wich freilich im Laufe des 19. Jahrhunderts dem nur um sich selbst kreisenden militanten Konservatismus. ... Im Gefühl, allein gegen eine von revolutionären Fortschrittstaumel erfaßte Welt zu stehen, entwickelte der Süden einen maßlosen ... Stolz auf seine Eigenart und verbrauchte alle seine geistigen Kräfte in der kompromißlosen Verteidigung der bestehenden Verhältnisse. Symbol, Hauptgegenstand und letzte Ursache dieses schicksalsschweren Umschwungs war die «Peculiar Institution», die «besondere Einrichtung» des Südens, die Sklaverei. Sie verleiht der Geschichte der Südstaaten das düstere Pathos des Ausweglosen, Unentrinnbaren, Tragischen.

DER TIEFE SÜDEN: PLANEN·REISEN·GENIESSEN

INHALT

Vor dem Bürgerkrieg war Natchez die reichste Stadt in Mississippi. Hier errichteten Baumwollhändler und Plantagenbesitzer ihre Stadtvillen. Heute sind noch etwa 500 dieser herrschaftlichen Häuser erhalten.

DATEN · FAKTEN · ZAHLEN

Lage und Größe. Alabama, Mississippi und Louisiana grenzen im Süden an den Golf von Mexiko, im Osten an Georgia, im Norden an Tennessee und Arkansas und im Westen an Texas. Die drei Staaten des Tiefen Südens bedecken zusammen ein Fläche von rund 373 000 Quadratkilometern, sie sind damit etwas größer als Deutschland. Insgesamt leben hier knapp elf Millionen Einwohner. Die Grundfläche Alabamas beträgt etwa 133 000 Quadratkilometer, seine Einwohnerzahl rund vier Millionen. Mississippi ist knapp 124 000 Quadratkilometer groß, hier leben etwa 2,7 Millionen Menschen. Louisiana erstreckt sich über rund 126 000 Quadratkilometer und hat 4,2 Millionen Einwohner.

Politik und Verwaltung. Die Abgeordneten der Parlamente, des Senats und des Repräsentantenhauses in den amerikanischen Bundesstaaten werden wie die obersten Richter und die Gouverneure direkt gewählt. Die regionalen und örtlichen parlamentarischen Vertretungen, Sheriff und Staatsanwälte stellen sich auf der entsprechenden Ebene zur Wahl. Die Hauptstadt von Alabama heißt Montgomery, die von Mississippi Jackson, Louisianas Hauptstadt ist Baton Rouge.

Wirtschaft. Die Zeit von «King Cotton» ist endgültig vorbei. Die Landwirtschaft des Südens gründet sich neben der Baumwolle auf den Anbau von Sojabohnen, Erdnüssen, Gemüse, Mais, Reis und Zuckerrohr. Eine größere Rolle spielen ferner die Forstwirtschaft und die Zucht von Rindern sowie auch von Welsen, Austern und Krebsen. Die reichen Gewässer vor der Küste werden intensiv befischt. In Alabama wird in bescheidenem Umfang Stahl produziert, wichtiger sind der Maschinenbau, die Textil- und die Papierproduktion sowie verschiedene Dienstleistungsbereiche, wie etwa die medizinische Forschung und Versorgung, geworden. In Mississippi werden landwirtschaftliche Produkte verarbeitet, zudem hat man im Süden einige Vorkommen an Erdöl und Erdgas entdeckt. Für Louisiana ist die verarbeitende Industrie für Öl und Erdgas der bedeutendste Wirtschaftszweig. Von der Mündung des Mississippi bis nach Baton Rouge und entlang der Golfküste sind Raffinerien zu sehen. Im Süden des Bundesstaates befinden

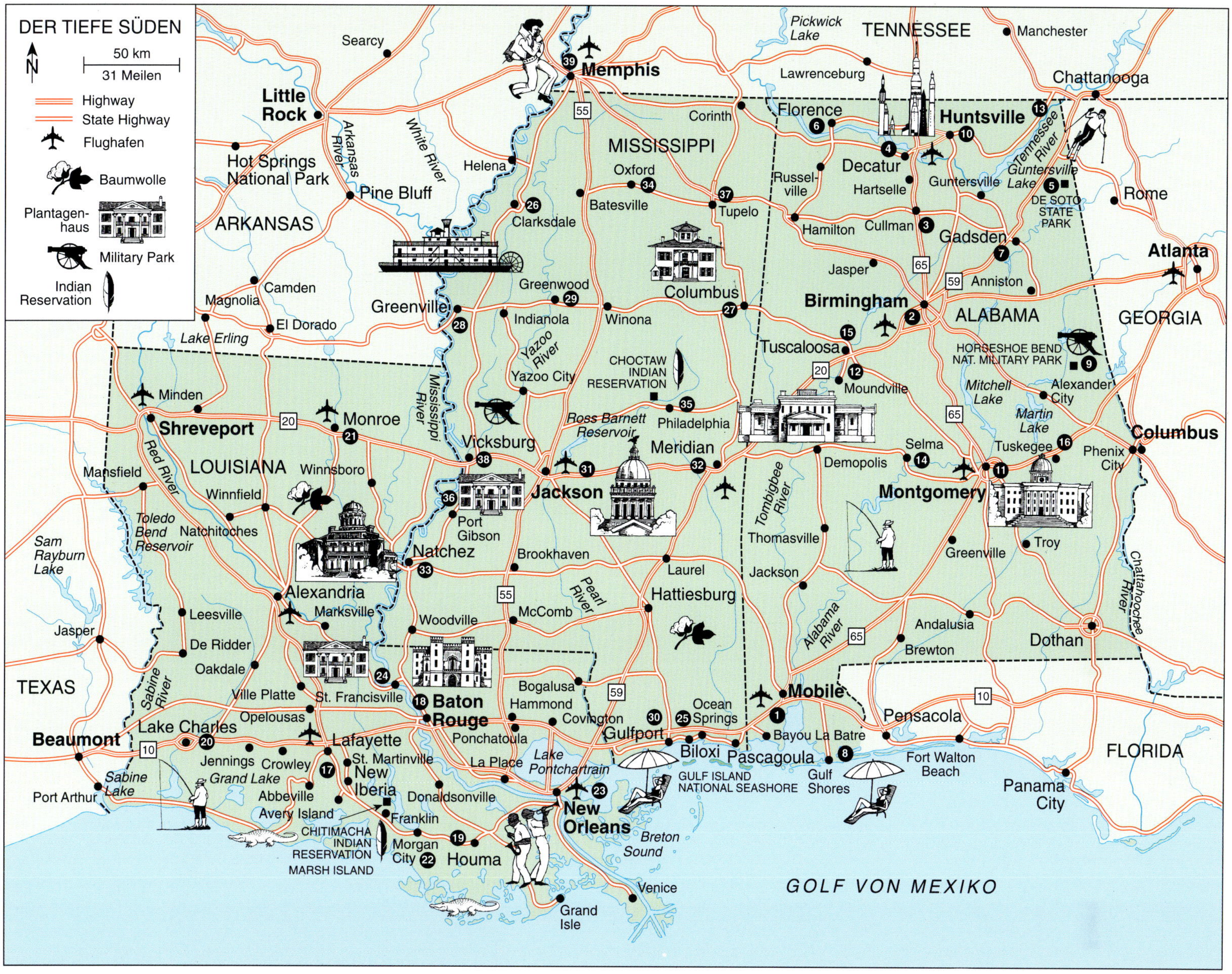

Neben dieser Karte des Tiefen Südens mit wichtigen Sehenswürdigkeiten im Überblick finden Sie Einzelkarten der Staaten Alabama, Louisiana und Mississippi mit Routenvorschlägen auf den Seiten 72, 80 und 86, einen Stadtplan von New Orleans auf Seite 82 sowie eine Detailkarte des Mississippi River zwischen New Orleans und St. Louis auf Seite 87.

sich vier große Abbaugebiete für Salz. Der Tourismus, insbesondere in New Orleans und zu den Plantagenvillen, ist für Louisiana eine wichtige Einnahmequelle.

Landschaftliche Vielfalt. Im Nordosten von Alabama sorgen die Ausläufer der Appalachen für das abwechslungsreiche Landschaftsbild eines bewaldeten Mittelgebirges. Letzte Hügelketten von gut 200 Meter Höhe erreichen den Nordosten von Mississippi. Das Einzugsgebiet des Mississippi prägt die flache, fruchtbare Landschaft des gleichnamigen Bundesstaates und des benachbarten Louisiana. Die flachen Küstengebiete von Alabama und Mississippi werden von Sandstränden gesäumt, die Küste von Louisiana prägen sumpfige Schwemmländer.

Klima und Reisezeit. Alabama, Mississippi und Louisiana haben überwiegend, bis auf ihre nördlichen Grenzgebiete, ein subtropisches Klima. Der Frühling ist trocken, warm und mild, im Sommer wird es heiß, die Luftfeuchtigkeit ist sehr hoch, es kommt vor allem im Süden zu Gewittern mit Niederschlägen. Der Spätsommer ist die Zeit, in der in manchen Jahren Wirbelstürme, Hurrikans, die in der Karibik entstehen, die Südstaaten erreichen und dort eine Spur der Verwüstung hinterlassen. Herbst und Winter sind ab Oktober wieder mild und trocken. Nur in den nördlichen Regionen, da vor allem in den Mittelgebirgen von Alabama, kann das Thermometer unter den Gefrierpunkt sinken.
Die beste Reisezeit ist das Frühjahr. Azaleen, Kamelien und Obstbäume stehen dann in voller Blüte, die Temperaturen sind angenehm warm, die Niederschläge gering und die Moskitos noch nicht sehr zahlreich.

AUSKUNFT

In den deutschsprachigen Ländern: Fremdenverkehrsamt der USA (USTTA), Platenstr. 1, 60320 Frankfurt, Tel. 069 / 95 67 90 - 18, Fax 069 / 56 11 30; Wiechmann Tourism Service (Auskünfte über New Orleans und Louisiana), Scheidswaldstr. 73, 60385 Frankfurt, Tel. 069 / 43 56 55, Fax 069 / 43 96 31.

In den Staaten des Tiefen Südens: Alabama Bureau of Tourism & Travel, P.O. Box 4309, Montgomery, AL 36103, Tel. 205 / 242 - 41 69, Fax 205 / 254 - 70 60; Mississippi Division of Tourism Development, P.O. Box 849, Jackson, MS 39205, Tel. 601 / 359 - 32 94, Fax 601 / 359 - 28 32; Louisiana Office of Tourism, P.O. Box 94219, Baton Rouge, LA 70804, Tel. 504 / 342 - 81 19, Fax 504 / 342 - 83 90. Die telefonische Vorwahl für die USA ist 001.

ANREISE

Viele Städte des Südens lassen sich mit amerikanischen Fluglinien per ein- oder zweimaligem Umsteigen problemlos erreichen. Atlanta, die Hauptstadt des Staates Georgia, wird von der Lufthansa und von Delta Airlines nonstop angeflogen, auch Memphis, die Hauptstadt von Tennessee, läßt sich mit der KLM im Verbund mit Northwest Airlines gut erreichen. Die Lufthansa hat des weiteren in Verbindung mit United Airlines zu mehreren Städten des Südens, wie etwa nach New Orleans, gute Flugverbindungen.

WAS ZÄHLT IN DEN USA:

Maße und Zahlen auf einen Blick

Zeit

Die Staaten des Tiefen Südens gehören zur Zeitzone Central Time. Mitteleuropa ist dem Tiefen Süden sieben Stunden voraus. a. m. bei Zeitangaben = vormittags; p. m. = nachmittags

Maße

1 inch = 2,5 Zentimeter	1 pint = ca. 0,5 Liter
1 foot = ca. 30 Zentimeter	1 quart = ca. 0,95 Liter
1 yard = ca. 91 Zentimeter	1 gallon (Benzin) = ca. 3,8 Liter
1 mile = ca. 1,6 Kilometer	1 pound = ca. 450 Gramm

Elektrizität

Die Netzspannung beträgt überall in den USA 110 Volt; deutsche Stecker passen nicht, man braucht einen Adapter.

Geld

Ein Dollar hat 100 Cent. Münzen gibt es zu 1 Cent, 5 Cent (Nickel), 10 Cent (Dime), 25 Cent (Quarter) und 50 Cent (Half Dollar). Sämtliche Dollarnoten sind gleich groß und grüngrau, also leicht verwechselbar. Größere Beträge werden in den USA fast immer mit Kreditkarte bezahlt.

Kleidergrößen

Anzüge	US	36	38	40	42	44	46	48		
	D	46	48	50	52	54	56	58		
Hemden	US	14	14,5	15	15,5	16	16,5	17	17,5	18
	D	36	37	38	39	40	41	42	43	44
Kleider	US	28	30	32	34	36	38	40	42	
	D	36	38	40	42	44	46	48	50	
Schuhe	US	5,5	6	7	7,5	8,5	9	9,5	11	12,5
	D	36	37	38	39	40	41	42	44	46

Temperatur

°F	°C
110	43,3
105	37,6
90	32,2
80	28,7
70	21,1
60	15,5
50	10,0
40	4,0
32	0
30	-1,1
20	-6,6
10	-12,2
0	-17,8

Telefonieren

Telefonnummern in den USA bestehen aus einem dreistelligen *Area Code* und einer siebenstelligen Rufnummer. Für internationale Gespräche wählt man die Kennzahl des Landes (01149 für Deutschland, 01143 für Österreich, 01141 für die Schweiz). Nicht immer kann man direkt wählen, häufig muß der Operator vermitteln (0 wählen). Es ist billiger, von den USA nach Europa zu telefonieren als umgekehrt.

Klima

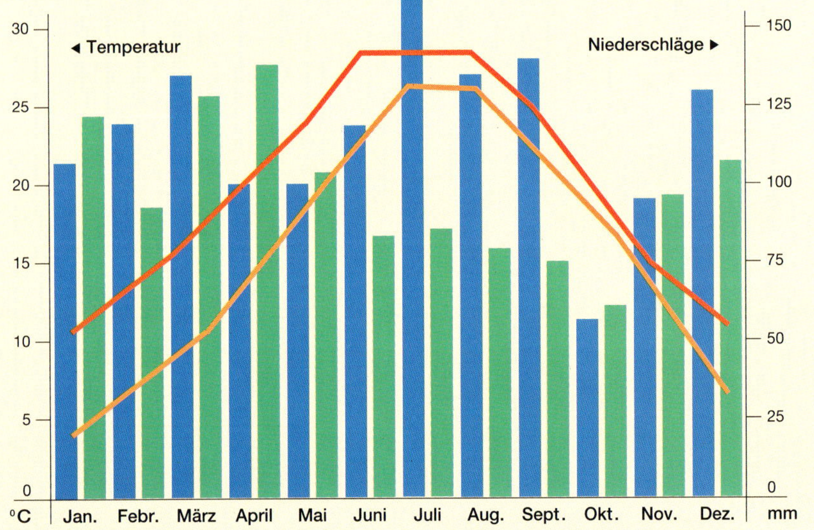

Durchschnittl. Temperaturen (°C): New Orleans, Memphis
Durchschnittliche Niederschläge (mm): New Orleans, Memphis

Kennzeichnend für die Plantagenvillen des Südens sind ihre ausladenden Veranden – ideale Orte, um entspannt dem Treiben vor dem Haus zuzusehen. Im Bild die Veranda der Nottoway Plantation, Louisiana.

Im wildromantischen Park von Houmas House in Burnside südlich von Baton Rouge, Louisiana. Die am Mississippi gelegene Villa gehörte einst zu einer der größten Zuckerrohrplantagen in den USA.

Der Frühling verwandelt den Tiefen Süden in ein Blütenmeer. Im Vulcan Park in Birmingham, Alabama.

UNTERWEGS IM TIEFEN SÜDEN

Bahn. Die großen Zeiten der Bahn sind in den USA vorbei. Dennoch kann man auf einigen Hauptstrecken den Tiefen Süden durchqueren: Von Chicago über Memphis nach New Orleans; von Florida entlang der Golfküste nach New Orleans und weiter nach Westen; von Washington über Atlanta nach New Orleans. Amtrak, der Bahnverbund in den USA, bietet Regionalpässe an, die 30 bis 45 Tage lang auf diesen Strecken gelten.

Bus. Die Überlandbusse von Greyhound verkehren zwischen den größeren Orten. Mit dem Ameripass darf man zwischen vier und 30 Tagen das Streckennetz nutzen.
Die im Verbund von Gray Lines zusammengeschlossenen regionalen Busunternehmen bieten Ausflugs- und Besichtigungsfahrten in Birmingham, Mobile und Montgomery (Alabama), in Biloxi und Jackson (Mississippi), sowie in Baton Rouge, Lafayette, New Orleans und Shreveport (Louisiana) an.

Flugzeug. Ein dichtes Netz von Flugverbindungen überzieht die USA. Auch alle größeren und nahezu alle mittleren Städte des Tiefen Südens verfügen über Flugplätze. Delta Airlines bietet die meisten Flugverbindungen an. Visit-USA-Tarife (VUSA) und Coupon-Flugtickets ermöglichen bei Buchung in Europa Ermäßigungen auf die Normaltarife.

Mietwagen und Wohnmobil. Die defensive amerikanische Fahrweise, ein gutes Straßensystem sowie niedrige Benzin- und Mietpreise für Leihwagen, machen den Urlaub in einem gemieteten PKW zu einem entspannten Vergnügen. Es ist preisgünstiger, das Fahrzeug bereits in Europa anzumieten. Die Urlaubsreise im Campmobil ist besonders bei Familien mit Kindern sehr beliebt. In Atlanta, Georgia, und in Houston, Texas, befinden sich Mietstationen für Campmobile aller Größen *(siehe Seite 70)*.

PLANTAGENVILLA ODER ZELT

Hotels. Hotelketten, wie Best Western, Holiday Inn oder Ramada sind flächendeckend vertreten, außerdem finden sich in allen Städten und an den Highways zusätzlich kleine und mittlere Hotels zu akzeptablen Preisen. Zu besonderen Ereignissen, wie Sportveranstaltungen, Mardi Gras oder Musikfestivals sollte man rechtzeitig vorher buchen.

Bed & Breakfast. In einigen historischen Plantagenhäusern des Südens, in Stadtvillen und Country Inns werden Bed-&-Breakfast-Zimmer angeboten. Die Zimmer sind oft mit Antiquitäten eingerichtet, in der Lobby flackert ein Kamin und auf der langen, überdachten Veranda macht man es sich in einem Schaukelstuhl bequem.

Jugendherbergen und YMCA. In den USA sind Jugendherbergen nicht so dicht gestreut wie in Europa. In einigen Städten, wie in New Orleans, bietet der YMCA (CVJM) preisgünstige Hotelunterkünfte an. Informationen: American Youth Hostels, P.O. Box 37613, Washington, DC 20013-7613; Y's Way, 356 West 34th Street, New York, NY 10001.

Camping. Gut ausgestattete Campgrounds sind in allen landschaftlich schönen Regionen und am Rand der Städte zu finden. Der Verband der Kampgrounds of America KOA veröffentlicht einen kostenlosen Road Atlas & Camping Guide. Die Fremdenverkehrsbüros geben Übersichten über Campingplätze in ihren Bundesstaaten heraus.

SPANISH MOSS

Es kommt nicht aus Spanien und ist auch kein Moos. Aber die silbriggrauen Zotteln, hängen so dekorativ in den Ästen der Eichen in den Südstaaten, als wären es die Bärte spanischer Konquistadoren. Spanish Moss ist amerikanischen Ursprungs und verwandt mit der Ananaspflanze. Leider bringt es keine schmackhaften Früchte hervor. Die Pflanze gehört nicht zu den Parasiten, sondern zu den Epiphyten, sie lebt also nicht von ihrem Gastgeber, sondern nur auf ihm. Das Spanish Moss hat keine Bodenwurzeln, es holt sich die Feuchtigkeit aus der Luft und fängt die mineralreichen Stoffe, die der Regen von seinem Gastbaum abwäscht, auf. Die Indianer nutzten einst die bis zu vier Meter langen Fasern, um Kleidung und Decken zu fertigen, später machte man daraus Christbaumschmuck, Polster- und Verpackungsmaterial. Die langen, silbrigen Luftwurzeln, die sich schon beim leisesten Hauch im Wind wiegen, erinnern an die Tage der großen Baumwoll- und Reisplantagen, an die romantischen und bedrohlichen Zeiten des Tiefen Südens.

Landschaft an der Mississippi River Road. Typisch für den amerikanischen Süden ist das Spanish Moss, eine Pflanze, die wie Lametta von den Bäumen hängt und ihnen ein sehr melancholisches, fast gespenstisches Aussehen verleiht.

PARADIES FÜR FEINSCHMECKER

Die Küche der Südstaaten ist bislang nicht dem Druck der allgegenwärtigen Fast-food-Ketten gewichen. Sie hat ihre Wurzeln auf dem Land, in den Rezepten der Frauen von Farmern und Pflanzern. Indianische Gewürze haben in ihr ebenso Aufnahme gefunden, wie afrikanische Zutaten und Gerichte, die von den schwarzen Köchinnen auf den Plantagen überliefert wurden, sowie verschiedene europäische Kochtraditionen. Ein kräftiges Südstaatenfrühstück mit Eiern, Schinken und Würstchen, mit Pfannkuchen, Grits (Maisbrei) und Marmelade kann einen Schwerstarbeiter mühelos über den Tag bringen. Southern Chicken mit Okragemüse oder Black-eyed Beans (Kuhbohnen), Catfish

(Wels) in verschiedenen Variationen, mit Sassafras gebundene Kürbissuppe, ein Dessert aus Süßkartoffeln, ein Kuchen aus Pecannüssen oder mit leckeren Schwarzbeeren gehören zu den Klassikern des Southern Cooking. Die Küche Louisianas mit ihren köstlichen Krabben-, Krebs- und Fischgerichten ist ein besonderes Kapitel *(siehe Seite 79)*. Küchenchefs aus aller Welt kommen regelmäßig nach New Orleans und lassen sich in den erstklassigen Restaurants der Stadt von den besonderen Künsten der kreolischen und der Cajun-Köche inspirieren.

FESTE UND FEIERTAGE

Offizielle Feiertage in den Staaten des Tiefen Südens sind wie überall in den USA: Neujahr (1. Januar), Martin Luther Kings Geburtstag (dritter Montag im Januar), Washingtons Geburtstag (dritter Montag im Februar), Memorial Day (letzter Montag im Mai), Unabhängigkeitstag (4. Juli), Tag der Arbeit (erster Montag im September), Kolumbustag (zweiter Montag im Oktober), Tag der Kriegsveteranen (11. November), Erntedankfest (vierter Donnerstag im November), Weihnachtsfeiertag (25. Dezember). Zusätzliche Feiertage werden regional begangen: Robert E. Lees Geburtstag (dritter Montag im Januar), Mardi Gras (Februar, Höhepunkt Dienstag vor Aschermittwoch), Thomas Jeffersons Geburtstag (13. April), Konföderationstag (vierter Montag im April), Jefferson Davis' Geburtstag (erster Montag im Juni).

MIT DEM MIETWAGEN UNTERWEGS

Zum Mieten eines Wagens genügt der nationale Führerschein, das Mindestalter des Fahrers beträgt 21 Jahre. Obwohl es in allen größeren Städten (vor allem in Flughäfen und Hotels) Mietwagenfirmen gibt, empfiehlt es sich dringend, den Wagen schon zu Hause zu buchen: Die Angebote sind generell günstiger, und zudem sind fast immer Haftpflicht- und die (in den USA teure) Vollkaskoversicherung sowie eine unbegrenzte Meilenzahl im Preis inbegriffen. Achtung: Viele Firmen berechnen einen Aufpreis («Drop-off-Charge»), wenn man den Wagen nicht am Ausgangspunkt abgibt. Wenn Sie nicht – wie üblich – mit Kreditkarte bezahlen, müssen Sie auf jeden Fall eine größere Geldsumme hinterlegen. Bei der Übernahme des Wagens sollte man sich kurz einweisen lassen (wie funktioniert die Klimaanlage, wie die automatische Gangschaltung?). Das Straßennetz ist meist sehr gut ausgebaut und klar beschildert; Die Höchstgeschwindigkeit beträgt innerhalb von Ortschaften 30 Meilen (48 km/h) pro Stunde, auf State Highways 55 Meilen (89 km/h) und auf Interstate Highways 65 Meilen (109 km/h).
Insgesamt ist das Autofahren in den USA sehr viel angenehmer und entspannter als in Europa; angesichts der etwas niedrigeren Geschwindigkeiten und der für europäische Verhältnisse oft enormen Entfernungen sollte man sich die Tagesziele allerdings nicht zu hoch stecken.

Das Angebot an Festen und Festivals ist unerschöpflich. Die wichtigsten sind das French Quarter Festival und das Jazz and Heritage Festival im April in New Orleans, die Einsegnung der Fischereiflotte in den Küstenhäfen im Juni, die Choctaw Indian Fair im Juli in Philadelphia, Mississippi, das W. C. Handy Blues Festival in Florence, Alabama, im August, das Zydeco-Musikfestival in Plaisance, Louisiana, im September oder das Creek Indian Thanksgiving Homecoming in Atmore, Alabama, im November.

EINKAUFEN UND SOUVENIRS

Geschäfte sind meist von Montag bis Samstag von 9 bis 17 Uhr geöffnet, in Einkaufszentren oft auch Sonntags und bis 21 Uhr. Einige Läden schließen nie. Das Preisniveau wäre bei einem Kurs von etwa DM 1,70 pro Dollar dem deutschen vergleichbar. Deutlich günstiger als in Deutschland sind Baumwollprodukte oder Foto- und Videoausrüstungen.

Vor allem in New Orleans lassen sich originelle Mitbringsel besorgen, schöne Plakatdrucke und Mardi-Gras-Masken, Kochbücher oder Gewürzmischungen aus Louisianas exzellenter Küche, fantastische Pralinen oder ein Paket Kaffee mit Zichorien aus dem «Café du Monde». In der Mittelgebirgsregion von Nordalabama können Sie schöne Quilt-Decken erstehen, die Trading Posts der Choctaw-Indianer in Mississippi bieten Kunstgewerbe an. Stöbern Sie in den Läden der Technikmuseen, wie dem Space and Rocket Center in Huntsville *(siehe Seite 73)* oder in denen der Visitor Center von National Monuments vergangener indianischer Kulturen. Hier finden Sie Bücher und Kunsthandwerk, die sie sonst vergeblich suchen.

Links: Lebend oder gekocht kann man in diesem Laden in Alexandria, Louisiana, Crawfish (eine Art kleiner Hummer) kaufen.

Unten: Da schlägt das Herz des Genießers höher; ein Crawfish-Gericht kommt auf den Tisch.

Oben: Biloxi Lighthouse. Der 1848 erbaute Leuchtturm ist für Schiffe nach wie vor ein wichtiger Orientierungspunkt an der Golfküste von Mississippi.

Rechts: Blick auf einen Teil der Krabbenflotte im Hafen von Bayou la Batre, Alabama.

SPORTMÖGLICHKEITEN

Wandern. In vielen Waldgebieten sind Wanderwege ausgewiesen. In den Mittelgebirgen von Alabama führen sie oft an Schluchten entlang und zu Wasserfällen.

Wassersport. Die Bäche und Flüsse bieten Möglichkeiten zum Kanu- und Kajakfahren, die Seen verführen zum Baden, Segeln und Windsurfen, ebenso die Sandstrände an den Golfküsten von Alabama und Mississippi.

Angeln. Man kann einen Angelschein in örtlichen Sportgeschäften erwerben. Fette Beute ist nahezu überall garantiert.

Golf und Tennis. Viele öffentliche sowie hoteleigene Golf- und Tennisplätze ermöglichen das Spiel mit Schläger und Ball.

Ski. Im Norden von Alabama, bei Mentone, befindet sich eine Skipiste mit Schlepplift.

DER MOND VON ALABAMA

Sommerurlaub an der Golfküste von Alabama? Wer Rummel scheut und Ruhe schätzt, der sollte der überraschenden Empfehlung folgen – und sie für sich behalten.

Mondäne Villa in Gulf Shores.

Wohin soll's denn gehen? fragen einen die Freunde in New York. – Ein bißchen in den Süden, in die Sonne, an's Meer. – Das ist gut. Da werden Sie wohl nach Florida oder Kalifornien fahren?

Jetzt kommt der Augenblick, wo einer sich als verrückter Europäer entlarvt: nach Alabama. – Ungläubiges Staunen. Verlegenes Murmeln. – Unsereiner wagt nicht hinzuzufügen: und eigentlich vor allem des Mondes wegen. Deutsche sind doch seltsame Menschen. Und es war ja in der Tat ein Deutscher, der uns an den Golf von Mexiko verführt hatte mit seiner Hymne an den Mond von Alabama, unter dem die Großmutter verlorengeht. Oh, don't ask us, why.

Obwohl er selber allem Vernehmen nach nie dort war, hatte Brecht völlig recht: Nirgendwo scheint der Mond so riesig, so golden, so betörend wie am Himmel von Alabama. Er herrscht dort ungetrübt von Industrieabgasen und ungestört durch konkurrierende Beleuchtung, wie sie ihm dreißig Kilometer westlich in Mississippi oder dreißig Kilometer östlich in Florida einen Teil seines Glanzes nehmen.

Wie der Mond profitieren die Sonne und das Meer und der Strand. Dreißig Kilometer alabamische Golfküste entlang dehnt sich ein Paradies der Stille, der Sonne und der Sauberkeit, neben dem die französische Riviera, die vor hundert Jahren auch einmal so war, heute wie ein Industriegebiet wirkt.

An der Küstenstraße gibt es auf der Seeseite versuchsweise ein paar Hotels, auf der Landseite die unvermeidlichen Supermärkte, aber in überschaubarer Größe, einige Wohnhäuser, ein paar Cafés und Restaurants, von denen zwei so vorzüglich und in ihrem Ruf so gefestigt sind, daß sie auch in ein paar Jahren noch die besten, frischesten und verschiedenartigsten Fische kredenzen werden: «Perdido Pass» und «Zeke's Landing». Beide liegen am östlichen Ende der Strandstraße, die offiziell die Nummer 182 führt.

Der ganze Ort, der weder als Dorf noch Stadt, sondern am ehesten als Feriensiedlung zu sehen ist, heißt Gulf Shores und läßt sich teilen in Pine Beach (Westen), Orange Beach (Mitte) und Perdido Beach (Osten).

Das Perdido Beach Hotel ist das erste Haus am Platz. Das kann sich ändern. Seit vielen Jahren wird den Alabama Gulf Shores eine große Zukunft vorausgesagt.

Aber bisher hat sich noch wenig getan. Denn der Staat gilt als streng und «trocken» im amerikanischen Sinne, also als nicht sehr vergnüglich. Als wäre er wirklich selber dort gewesen, fleht Brecht in seiner Hymne an den Mond ja auch «Show me the way to the next whisky-bar». Da hätte er lange suchen müssen. An der Küste freilich geht alles schon lockerer zu. Und in Perdido Beach kann wirklich niemand verdursten. Man braucht dort nämlich nur dreihundert Meter weit über die Brücke am Alabama Point zu gehen – und schon ist man in Florida. Das empfiehlt sich auch für Ansichtskartenschreiber, die mit dem Absender «Alabama» doch einen falschen Eindruck zu hinterlassen fürchten. Zwei Minuten Autofahrt, und der Stempel zeigt «Florida». Es ist zwar nicht ganz das feine Florida, denn das liegt ja am Atlantik und nicht am Golf. Aber wer, der da nicht zu Hause ist, merkt das schon?

«Strandläufer» bei Fort Morgan.

Einer, der zuweilen öffentlicht sich äußert über Gegenden, die er liebt, hat dabei ein zwiespältiges Gefühl. Wenn nun alle Leser neugierig werden und ihrerseits andere neugierig machen, dann könnten die Gulf Shores, die doch nicht sehr groß sind, eines Tages ihren Charme verlieren und die Hektik der französischen Riviera dafür eintauschen. Touristenreichtum gönnte man dem armen Alabama schon. Aber den damit verbundenen Rummel? Ach, vielleicht sollten Sie sich den Mond doch lieber von Alaska aus ansehen. Ist doch der gleiche.

Rudolf Walter Leonhardt

SEHENSWERTE ORTE UND LANDSCHAFTEN VON A BIS Z

Ziffern im Kreis verweisen auf die entsprechenden Karten Seite 67, 72, 80 und 84, kursive Seitenzahlen auf Abbildungen.

ALABAMA

Bayou la Batre ①. Zur Einsegnung der Krabbenflotte Mitte Juni kommen Tausende Schaulustiger. Den besten Blick auf die geschmückten Fischerboote, hat man vom Ufer oder von einem Schiff aus. *71*

Birmingham ②. Die 17 Meter hohe, einsame *Statue von Vulkan,* dem römischen Gott der Schmiede, ist von weither zu sehen.

Oase der Ruhe: Parkanlage in Birmingham, der größten Stadt Alabamas.

Nach dem Bürgerkrieg entwickelte sich die Stadt zur Eisen- und Stahlmetropole des Südens. Im *Red Mountain Museum* und bei einer Besichtigung der *Sloss Blast Furnace,* der letzten, im Jahr 1971 geschlossenen Stahlhütte, läßt sich die industrielle Vergangenheit der Stadt nachvollziehen. Heute ist der Himmel über Birmingham blankgeputzt, die Universität von Alabama, Krankenhäuser und medizinische Forschungseinrichtungen sind die bedeutendsten Arbeitgeber der Region. Waren in vergangenen Jahrzehnten Rassenunruhen an der Tagesordnung, so wird der Stadt heute ein angenehmes politisches Klima bescheinigt. *23, 24/25, 36, 68*

Cullmann ③. Bruder Josef Zötti, Mönch der Benediktinerabtei von St. Bernhard, werkelte beinahe 50 Jahre, bis er seine *Ave Maria Grotto* fertiggestellt hatte. Besichtigungswege führen vorbei an Dioramen mit Motiven aus der biblischen Geschichte sowie 150 Kirchenbauten aus aller Welt im Miniaturformat. Die Mönche waren dem deutschen Immigranten Johann Cullmann gefolgt, dessen 1873 begründetes Projekt einer »Deutsche[n] Kolonie von Nord Alabama« bald 20 000 Landsleute anzog, die natürlich auch der seelischen Betreuung bedurften. Die Geschichte der Kolonie und des Ortes wird im *Cullmann County Museum* lebendig.

Decatur ④. Die Handelsstadt liegt am Südufer des zum Wheeler Lake aufgestauten Tennessee River. Sie profitiert von ihrer Lage an der bedeutenden Wasserstraße, auf der Waren bis ins ferne Minneapolis verschifft werden können. Ende des vergangenen Jahrhunderts hatten der amerikanische Bürgerkrieg und eine Gelbfieberepidemie die Ortschaft fast ausgelöscht. Ein *restauriertes Stadtviertel* mit viktorianischen Häusern und Freizeiteinrichtungen am Seeufer bilden die Hauptattraktionen für Besucher der Stadt.

De Soto State Park ⑤. Der Konquistador Hernando de Soto (um 1496–1543) soll während des monatelangen Zugs einer spanischen Expeditionsarmee durch die heutigen Südstaaten auf der vergeblichen Suche nach Gold auch den Norden von Alabama passiert haben. Im De Soto State Park erinnert nur noch der Name an die spanischen Glücksritter. Auf malerischen Wanderwegen durch dichte Wälder und entlang der Schlucht des Little River Canyon kann man auch zu einem der vielen Wasserfälle des Parks gelangen. Bei den idyllischen De Soto Falls stürzt das Wasser über 30 Meter tief in ein natürliches Becken.

Florence ⑥. Anfang August strömen die Fans zum *W. C. Handy Music Festival* in die Stadt, in der der »Vater des Blues« 1873 geboren wurde. Sein Geburtshaus ist als *Museum* umgebaut, mit Piano und Trompete. Ein 15 Meter hoher zeremonieller Hügel gilt als wichtigste Fundstätte präkolumbischer Indianerkulturen im Tal des Tennessee River. Seit 1917 wurde dieser unberechenbare Fluß mit

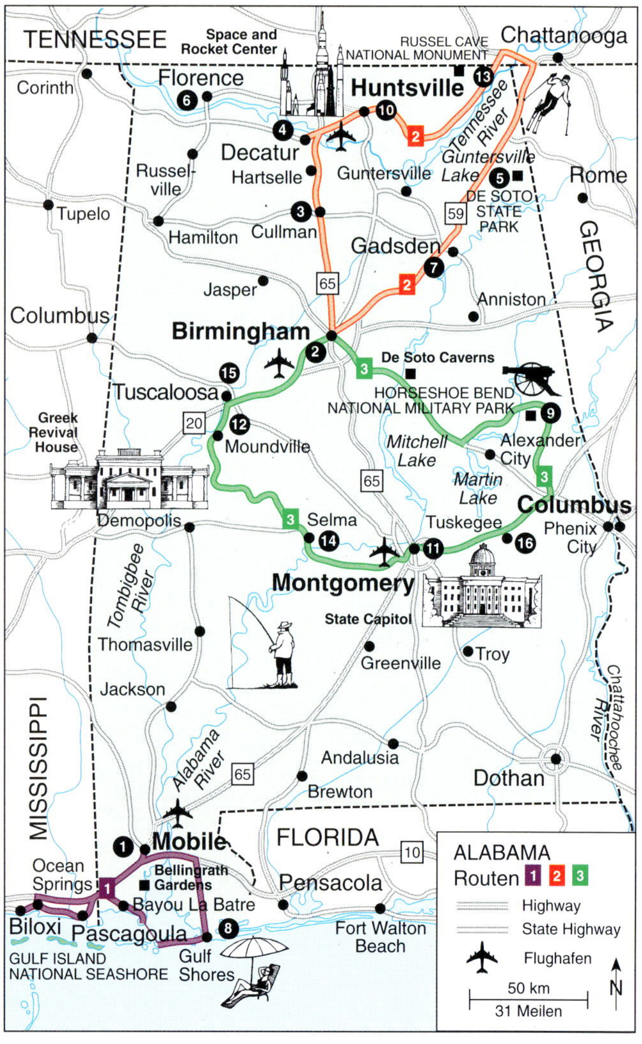

Oben: Fort Condé in Mobile.

Rechts: Montgomery Museum of Fine Arts.

Links: Die schönsten Routen durch Alabama:

Route 1 beginnt in Mobile und führt über die Golfküste von Alabama bis nach Biloxi in Mississippi. Von dort geht es zurück nach Mobile.

Route 2 führt von Birmingham nach Norden in die Raketenstadt Huntsville, weiter zu den Höhlen des Russel Cave, zum De Soto State Park und zurück nach Birmingham.

Route 3 führt von Birmingham zum Horseshoe Bend National Military Park, nach Montgomery und Selma, zum altindianischen Moundville und von Tuscaloosa nach Birmingham.

Mitte links: Old Alabama Town; Montgomery. – Oben: Fremdenführerinnen im Constitution Hall Village, Huntsville.

dem Bau von Staudämmen gezähmt. Der Wilson- und der Wheeler-Damm liefern seitdem auch die preisgünstige Energie, die umfangreiche Industrieansiedlungen begünstigte.

Gadsden ⑦. Eisen, Mangan, Kohle und Kalkstein wurden in der Umgebung gefunden und ließen Gadsden zu einem industriellen Zentrum mit Stahl- und Kunststoffproduktion werden. Der *Noccalula Falls Park* mit schönen Waldwanderwegen, Picknick- und Badeplätzen wurde nach einer Häuptlingstochter der Cherokee benannt, die sich aus Liebeskummer den 30 Meter tiefen Wasserfall hinunter zu Tode gestürzt haben soll.

Gulf Shores ⑧. Ein 50 Kilometer langer Sandstrand erstreckt sich auf *Pleasure Island* vor der Küste von Alabama. Baden und Fischen gelten hier als wichtigste Aktivitäten. Das von 1819 bis 1834 wie ein fünfzackiger Stern erbaute *Fort Morgan* an der Westspitze der Insel bewachte einst wie das gegenüber auf Dauphin Island gelegene *Fort Gaines* die Einfahrt in die Mobile Bay. *39, 71*

Horseshoe Bend National Military Park ⑨. Am 17. März 1814 gelang den amerikanischen Truppen und ihren indianischen Hilfskontingenten unter ihrem Befehlshaber – dem späteren US-Präsidenten – Andrew Jackson (1767–1845) der entscheidende und blutigste Sieg in den Auseinandersetzungen mit den Upper-Creek-Indianern. Von 1000 Indianerkriegern überlebten in der Schlacht von Horseshoe Bend gerade 200. Der »Friede«, der folgte, öffnete das bislang indianische Alabama der weißen Besiedlung. Auf dem Schlachtfeld in einer Kehre des Tallapoosa River wird der Verlauf der Kämpfe dokumentiert, das Visitor Center informiert über die Kultur der unterlegenen Creek.

Huntsville ⑩. Die geschäftige Metropole von Nord-Alabama war vor dem Bürgerkrieg ein wichtiger Umschlagplatz für Baumwolle, die auf den fruchtbaren Feldern der Region angebaut wurde. Die herrschaftlichen Villen des *Twickenham Historic District* spiegeln den Reichtum der Plantagenbesitzer und Baumwollhändler aus dieser Zeit wider. Heute wird die Stadt von Forschungseinrichtungen und Produktionsstätten zur Raketentechnik und Elektronik geprägt. Über 100 deutsche Wissenschaftler unter Leitung von Wernher von Braun (1912–1977) waren 1945 aus Deutschland in die USA geflogen worden und arbeiteten seitdem am amerikanischen Raketenprogramm mit. Im *Space and Rocket Center* wird die Entwicklung von den ersten Anfängen bis zu neuesten Errungenschaften präsentiert. Spaceshuttle, Skylab, Hubble-Weltraumteleskop oder die Saturn-V-Rakete lassen sich im Originalmaßstab bestaunen, ebenso wie Produkte militärischer Raketentechnik. Das *Huntsville Museum of Art* im Wernher von Braun Civic Center zeigt in fünf Sälen traditionelle und zeitgenössische amerikanische Malerei. *22*

Mobile ①. Die moderne Seehafen- und Industriestadt mit bewegter kolonialer Vergangenheit wurde bereits im Jahr 1702 von Franzosen auf dem Areal einer Siedlung der Maubilla-Indianer gegründet und wechselte fortan häufig ihren Besitzer. Das rekonstruierte *Fort Condé* und die *historischen Häuser* in der Church Street, vom De Tonti Square oder um den Old Dauphinway lohnen einen Besuch. Der Karneval von Mobile, wie in New Orleans Mardi Gras genannt, wird mit Umzügen und Bällen gefeiert. Von den naturwissenschaftlichen Ausstellungen und Experimenten zum Mitmachen im *Exploreum* sind nicht nur Kinder und Jugendliche fasziniert. *Bellingrath Gardens,* 30 Kilometer südwestlich der Stadt, locken vor allem im Frühjahr zur Azaleenblüte Tausende Besucher mit einem Blüten- und Farbenmeer. *22, 30, 38*

Montgomery ⑪. Ein bronzener Stern auf dem Boden vor dem *State Capitol* von Alabama markiert die Stelle, wo Jefferson Davis am 18. Februar 1861 seinen Amtseid als erster (und einziger) Präsident der Konföderierten Staaten von Amerika ablegte. Etwa hundert Jahre später rückte die Stadt wieder ins Licht der Weltöffentlichkeit, als der junge Methodistenpfarrer Martin Luther King (1929 bis 1968) erfolgreich die ersten großen Aktionen der schwarzen Bürgerrechtsbewegung organisierte. Das *Civil Rights Memorial* in der Washington Avenue dokumentiert eindrucksvoll diesen Kampf. Die Namen von 40 getöteten Bürgerrechtlern sind in eine schwarze Granitmauer eingraviert. Die Hauptstadt von Alabama hat eine Reihe schöner Antebellum-Häuser vorzuweisen, in *Old Alabama Town,* einem Freilichtmuseum, sind 24 restaurierte historische Gebäude aus dem 19. Jahrhundert zu besichtigen. Das Staatstheater Alabama Shakespeare Festival gilt als eine der renommiertesten Sprechbühnen der Südstaaten. *15, 16, 17, 18, 19, 20, 21*

Moundville ⑫. Indianer der Mississippi-Kultur (1000–1500 n. Chr.) bebauten die fruchtbaren Schwemmländer entlang des Black Warrior River mit Mais, Bohnen, Kürbissen und anderen Feldfrüchten. Mehr als 3000 von ihnen lebten in Moundville. Zwanzig Erdhügel, die einst zeremonielle und Wohngebäude trugen, sind im *Mound State Monument* zu sehen. Im *Museum* und in der Anlage sind Tempel und Behausungen rekonstruiert, die einen Einblick in das Leben dieser hochentwickelten Kultur ermöglichen.

Russell Cave National Monument ⑬. Knochenfunde sowie Reste von Werkzeugen und Waffen lassen darauf schließen, daß die 70 Meter tiefe Schutzhöhle der Russell Cave über 8000 Jahre lang bis zu den ersten Erkundungszügen der Spanier von indianischen Ureinwohnern unterschiedlicher Kulturstufen besiedelt war. Das anschließende Höhlensystem im Kalksteinuntergrund erstreckt sich über eine Länge von zehn Kilometern. Im Besucherzentrum beim Höhleneingang werden die umfangreichen Funde ausgestellt und erläutert.

Selma ⑭. Am 7. März 1965 verfolgten Fernsehzuschauer in den USA, wie ein Demonstrationszug von Bürgerrechtlern an der Edmund-Pettus-Brücke von bewaffneten Polizeikräften von der Straße geprügelt wurde. Der legendäre Marsch von Selma gilt inzwischen als Meilenstein im Kampf um die Gleichberechtigung der Afro-Amerikaner.
Ein ausgedehnter Bezirk mit Antebellum-Villen zeigt, daß Selma schon vor dem Bürgerkrieg als landwirtschaftliches Zentrum der Region fungierte. Südlich von Selma, am Zusammenfluß von Alabama und Cahaba River stehen die Ruinen der ersten Hauptstadt von Alabama, Cahaba. Verheerende Fluten und schließlich der Bürgerkrieg besiegelten die Existenz dieser einst blühenden Stadt. *4/5*

Tuscaloosa ⑮. Etwa 20 Jahre, bis 1846, diente Tuscaloosa als Hauptstadt von Alabama. Dann wechselte die Regierung ins prosperierende Montgomery. Der ausgebaute Black Warrior-Tombigee Wasserweg, der von Mobile an der Golfküste in die Nähe von Birmingham führt, berührt Tuscaloosa und ist die Basis für industrielle Ansiedlungen, zu denen in letzter Zeit auch eine Produktionsstätte des deutschen Autoherstellers Mercedes Benz hinzugekommen ist. Den Charme einer gemütlichen Südstaatenstadt findet man noch im Gebiet um den Campus der Universität von Alabama oder im *Druid City District* mit vielen respektablen Antebellum-Häusern. Die *Warner Collection,* verteilt auf das Gebäude der *Gulfstate Paper Corporation* und das *Mildred Warner House,* gilt als bedeutende private Sammlung zeitgenössischer nordamerikanischer bildender Kunst. *30*

Tuskegee ⑯. Der Name der Stadt im fruchtbaren Schwarzerdegebiet von Mittelalabama ist eng verbunden mit dem *Tuskegee Institute,* der bedeutendsten Hochschule für befreite Sklaven, die Booker T. Washington 1881 auf dem Gelände des heutigen College gründete *(siehe Seite 74).* Creek-Indianer lebten hier in ihrer Siedlung Taskigi lange bevor Europäer Amerika kolonisierten.

Oben und unten: Der amerikanische Bürgerkrieg ist im Tiefen Süden auch nach über hundert Jahren noch nicht in Vergessenheit geraten. In vielen Städten und auf historischen Kriegsschauplätzen werden noch heute Schlachten nachgestellt – wie hier in Selma, Alabama.

Blick von der Edmund-Pettus-Brücke auf Selma. 1965 erlangte die Brücke traurige Berühmtheit, als hier ein Demonstrationszug für die Rechte der Schwarzen von der Polizei blutig zerschlagen wurde.

DIE ERSTE SCHWARZE UNIVERSITÄT

Booker T. Washington (1856–1915) noch als Sklave auf einer Tabakfarm in Virginia geboren und auf der Inventarliste mit einem Wert von 400 Dollar aufgeführt, gründete 1881 in Tuskegee, Alabama, eine Schule für schwarze Kinder. Die Lernziele Allgemeinwissen, berufliche Fertigkeiten und charakterliche Festigung wurden nur von schwarzen Lehrern vermittelt. Die großen Erfolge der Schule wenige Jahre nach Beendigung der Sklavenwirtschaft in den Südstaaten erregten bundesweites Aufsehen und hatten die Förderung selbst durch Großindustrielle wie Rockefeller und Carnegie zur Folge. Seit 1927 führt das Institut den Status eines College. Die Gebäude aus den Gründungsjahren, zum Teil von den Schülern selbst errichtet, können besichtigt werden.
Das George Washington Carver Museum auf dem Universitätsgelände ist dem langjährigen Leiter der landwirtschaftlichen Abteilung des Tuskegee Institute und seinen Arbeiten zur Unterstützung der schwarzen Farmer gewidmet.

Stolz zeigt diese Frau die Früchte einer Erdbeerplantage in Louisiana.

Nottoway Plantation bei Baton Rouge ist mit 64 Zimmern das größte Plantagenhaus des Tiefen Südens.

Fahrten auf dem Mississippi mit einem nostalgischen Schaufelraddampfer sind heute pures Vergnügen. Früher war der Mississippi River die schnellste Verbindung zwischen der Küste und dem Landesinnern, doch die Schiffahrt war gefährlich: Explodierende Kessel, Sandbänke und treibende Baumstämme sorgten für das vorschnelle Ende so mancher Fahrt auf dem Ol' Man River (siehe Seite 84).

«WE ARE REALLY COOKING»

Kreolische und Cajun-Küche in New Orleans

New Orleans und Umgebung sollte man sich «auf der Zunge zergehen lassen». Viele ausgezeichnete Restaurants bieten zu erschwinglichen Preisen die zwei besten Küchen Amerikas – die kreolische und die der Cajuns. Beide sind von der französischen Kochkunst beeinflußt, beide verwenden viel frischen Fisch und Meeresfrüchte, und beide versprechen dem Gourmet außergewöhnliche Gaumenfreuden.

Wer abends in New Orleans Essen gehen will, steht vor schwierigen Entscheidungen: Beginnt man nun die Mahlzeit mit Austern Bienville, mit kreolischen Quenelles des Crevettes oder kräftigen Boudin-Würstchen in einer Sauce aus Bier, Zwiebeln und Zuckerrohrsirup? Soll man als Hauptgericht Hähnchen Clemenceau, eine Jambalaya aus Krabben und Schinken oder gebackenen Rotbarsch im Kräutermantel wählen? Was bestellt man zum Dessert – Brotpudding mit Bourbon und Rosinen, ein Stück schweren Louisiana-Pecan-Nußkuchen oder flambierte Bananen à la Foster?

Den Bewohnern von New Orleans, katholisch, dem Leben zugewandt und sinnenfroh, war das protestantische Arbeitsethos der amerikanischen Puritaner immer fremd. So wurde die Zubereitung von Speisen seit jeher als kunstvoller Ausdruck der Lebenskultur betrachtet, die Chefs der vielen bekannten Restaurants genießen auch heute noch Aufmerksamkeit und Wertschätzung wie anderswo Dichter oder Komponisten.

Die beiden französischen Kochtraditionen, die kreolische und die Cajun-Küche, gehen in den meisten Restaurants der Stadt eine glückliche Verbindung ein. Die Gerichte der Cajun, französische Siedler aus Kanada, die sich in den Sümpfen westlich von

New Orleans niedergelassen hatten, können ihre ländliche Herkunft nicht verbergen. Die Zutaten einer Jambalaya etwa, einem Eintopf mit Reis, der in einem großen gußeisernen Topf zubereitet wird, richten sich nach dem, was der Markt und das Meer an frischen Produkten hergeben. Geräucherte Wurst mischt sich dabei problemlos mit Hähnchen, Langusten, Sellerie, grünen Zwiebeln sowie den scharfen Chili- und Pfefferschoten, die bei vielen Cajun-Gerichten zu einem überdurchschnittlich hohen Getränkekonsum führen.

Die kreolische Küche ist von milderer Schärfe, die französische Kochtradition ist mit karibischen Gewürzen angereichert. Austern à la Rockefeller werden auf einem Bett von Sellerie, Spinat, Anis und Lauchzwiebeln mit Tabasco zubereitet. Hähnchenfilets Rochambeau werden mit Schin-

kenstreifen, pikanten Champignons und Sauce Bernaise auf einen Toast komponiert. Crawfish Étouffée, ein Klassiker der kreolischen und der Cajun-Küche, wird mit Zwiebeln, Stangensellerie, Schalotten und gewürzten Tomaten, vor allem aber mit einer reichlichen Portion von Flußkrebsen zubereitet, die in den Gewässern des Mississippi-Deltas zu Hause sind. Die farbigen Köchinnen der reichen Kreolen haben zu den Rezepten allerlei Zutaten aus ihrer afrikanischen Heimat beigesteuert. Gumbo, eine phantasievolle, kräftige Suppe mit wechselnden Zutaten, wird meist auf Okra-Gemüse gekocht und mit dem Pulver der Sassafras-Wurzel angereichert.

Nicht nur das gute Essen, auch die dazugehörigen Lokalitäten haben in New Orleans Tradition. Das «Antoine's» (713, St. Louis Street) feierte 1990 sein 150jähriges Bestehen. Der historische «Commander's Palace» (1413, Washington Avenue) wird seit über 20 Jahren von der Familie Brennan geleitet. Ihr früherer Chefkoch, der Cajun Paul Prudhomme, der bald sein eigenes Restaurant, «K-Paul's Louisiana Kitchen» (416, Chartres Street), eröffnete, wurde weltberühmt, als er beim Gipfeltreffen der westlichen Industriestaaten 1983 in

Oben: In «Mulate's Restaurant» in Lafayette darf auch getanzt werden. – Ganz links: Bread Pudding und Applesauce Cake. – Links: Jambalaya.

Williamsburg die versammelten Regierungschefs bekochte. Das «Brennan's» (417, Royal Street), von einem anderen Zweig der Gastronomenfamilie geführt, ist berühmt für den Gaumen- und Hörgenuß beim sonntäglichen Jazz-Brunch. Im «Broussard's» (819, Conti Street), läßt sich das Essen in einem verträumten Innenhof mit Marmor und Rankgewächsen genießen. «Acme's Oyster House» (724, Iberville Street), eine lebendige und lärmige Restaurant-Bar, ist bekannt für seine Louisiana-Austern «on the half shell», die mit scharfer Sauce, Käse-Crackern und einem Gläschen Weißwein oder Dixie-Bier serviert werden. Seit Jahrzehnten finden sich die Gäste vieler Restaurants nach dem Essen beim «Café du Monde» in der Nähe des Jackson Square wieder. Hier wird rund um die Uhr Kaffee serviert, wie er sein soll: schwarz wie der Teufel, stark wie der Tod, süß wie die Liebe und heiß wie die Hölle. *Axel Pinck*

Links oben, Mitte, unten: Durch die Sümpfe von Louisiana werden geführte Bootstouren angeboten. Zu einem der eindrucksvollsten Erlebnisse gehört dabei die Begegnung mit Alligatoren.

Oben: Blick auf das Freilichtmuseum Vermilionville in Lafayette.

Links: Die schönste Route durch Louisiana führt von New Orleans durch das Mississippi Delta bis nach Lafayette. Über Baton Rouge geht es entlang der Plantagenvillen des Mississippi zurück nach New Orleans.

LOUISIANA

Avery Island ⑰. Nur wenige Meter unter der Erdoberfläche der Insel befindet sich ein riesiger Dom aus versteinertem Salz, das schon seit über 100 Jahren abgebaut wird. In den *Jungle Gardens,* einem tropischen Urwald, stehen von November bis März Tausende von Kamelien, Iris und Azaleen in voller Blüte. Das dazugehörige *Vogelschutzgebiet* beherbergt mehr als 20 000 Reiher, unter ihnen die schon fast ausgestorbenen Schnee-Silberreiher. Die McIlhenny Company stellt seit 1868 das wohl bekannteste Produkt aus Louisiana, Tabasco, her.

Baton Rouge ⑱. Der blutrot bemalte, kahle Stamm einer Zypresse markiert die Grenze zwischen den Jagdgebieten zweier Indianerstämme. Die französischen Kundschafter nannten den Ort Baton Rouge, «Roter Pfahl». Die nach New Orleans zweitgrößte Stadt von Louisiana und seit 1849 mit kurzen Unterbrechungen Hauptstadt des Bundesstaates, liegt am nördlichen Ende des Chemical Corridor, eines Gürtels vor allem petrochemischer Anlagen, die sich am Ufer des Mississippi bis zu dessen Mündung hinziehen. Entlang derselben Ufer, oft hinter den Deichen versteckt, lassen sich einige der

Oben: Wohl das ungewöhnlichste Kapitol in den USA – das alte State Capitol in Baton Rouge wurde 1849 im Gothic-Revival-Stil erbaut.

Mitte: Die Cajuns sind bekannt für ihre Volksmusik und ihre wilden Feste, hier die Brüder Romero in St. Martinville.

Unten: Die alte Kirche in dem Museumsdorf Vermilionville in Lafayette.

schönsten *Plantagenvillen* der Südstaaten besichtigen *(siehe Seite 27)*. Westlich der Stadt beginnen die riesigen Zuckerrohrplantagen, die dem Mündungsdelta des großen Stromes den Spitznamen «Zuckerschüssel von Amerika» eingetragen haben. Das *alte Kapitol* von Louisiana, im Gothic-Revival-Stil einer mittelalterlichen Burg 1849 errichtet, war wegen seiner ungewöhnlichen Bauweise seit seiner Fertigstellung umstritten. Huey P. Long, der autoritäre und populistische Gouverneur des Bundesstaates, ließ deshalb 1932, während der großen Wirtschaftskrise, das neue, 34 Stockwerke hohe *State Capitol* erbauen, in dem er drei Jahre später von einem Attentäter erschossen wurde.
Das *Louisiana Arts and Science Center LASC* nahe dem Ufer des Mississippi beherbergt eine Reihe interessanter Museen und sehenswerter Galerien. Am südöstlichen Stadtrand zeigt ein *Museumsdorf* der Louisiana State University mit Sklavenquartieren, Cajun- und verschiedenen Handwerkerhäusern, daß das Leben vor dem Bürgerkrieg nicht nur aus Plantagenluxus bestand. *9, 27, 62/63, 68, 90/91*

Houma ⑲. Der Terrebonne Bayou und verschiedene andere Wasserwege, die sich bei Houma kreuzen, haben das Städtchen im Cajun-Gebiet zu einem Zentrum für Bootsausflüge in das Mündungsgebiet des Mississippi gemacht. Exzellente Fischgründe im Süß- und Salzwasser locken Hobby- und Sportangler ins südliche Louisiana. *59*

Lafayette ⑰. Für viele Einwohner der inoffiziellen Hauptstadt von Französisch Louisiana ist Englisch noch immer eine Fremdsprache. Zwei Museumsdörfer zeigen die Lebensweise und Kultur der Cajun People *(siehe Seite 54)* und erzählen die Geschichte ihrer Vertreibung aus Kanada: Im *Acadian Village* südlich der Stadt ist ein kleines Museum und ein Kulturinstitut untergebracht. *Vermilionville* steht inmitten eines schönen Parks und bietet neben historischen Gebäuden auch Tanzvorführungen und andere Unterhaltungsprogramme. Die Funde riesiger Öl- und Erdgasvorkommen unter dem Marschland und vor der Küste Louisianas haben das Erscheinungsbild vieler ländlicher Orte verändert. In Lafayette haben die meisten der Ölgesellschaften regionale Büros eingerichtet. *8, 19, 53, 79*

Lake Charles ⑳. Das lebendige, wirtschaftliche Zentrum mit dem drittgrößten Hafen des Bundesstaates nahe der Grenze zu Texas lebte früher von der Holz- und Viehwirtschaft. Heute ist die petrochemische Industrie dazugekommen. In den nahegelegenen Schutzgebieten *Sabine* und *Rockefeller National Wildlife Refuge* halten sich im Winter Zehntausende von Zugvögeln auf. An den Stränden von *Holly Beach* an der Golfküste, der «Cajun Riviera», herrscht in den Sommermonaten ein munteres Treiben. *60/61*

Monroe ㉑. Der wirtschaftliche Mittelpunkt von Nordostlouisiana profitiert von der Lage auf einem der größten Erdgasfelder der Welt. Westlich der Stadt, bei Arcadia, stellten Polizeikräfte am 23. Mai 1934 den «outlaws» Bonnie Parker und Clyde Barrow eine Falle und bereiteten mit 160 Schüssen ihrem Leben ein jähes Ende. Nordöstlich von Monroe liegt das *Poverty Point National Monument (siehe Themenessay auf dieser Seite)*. Hier sind die Überreste einer indianischen Siedlungsanlage von vermutlich 1700 v. Chr. zu sehen.

Morgan City ㉒. Die Lage am Atchafalaya River, einem der Mündungsarme des Mississippi, ließ die Stadt zu einem Zentrum der Krebs- und Krabbenfischer werden. Nach den Öl- und Erdgasfunden vor der Küste von Louisiana wurde Morgan City zum Hauptquartier der Offshore Oil Companies. Das jährliche *Louisiana Shrimp and Petroleum Festival* im September versucht beidem Rechnung zu tragen. Etwas nordwestlich von Morgan City leben die Chitimacha-Indianer in der einzigen Indianer-Reservation in Louisiana.

INDIANERKULTUREN AM MISSISSIPPI

Viele tausend Jahre bevor Christoph Kolumbus Amerika «entdeckte», war das Gebiet der heutigen Südstaaten bereits von Indianern besiedelt. Die Mississippi-Kulturen, deren größte Siedlung Cahioka, nahe dem heutigen St. Louis, um 1100 n. Chr. von 40 000 Menschen bewohnt war, . verfügten über eine entwickelte Landwirtschaft, über Kunsthandwerk und ein differenziertes Glaubenssystem.
Bei Poverty Point, im Norden von Louisiana, zeugen sechs halbkreisförmig angelegte Erdwälle mit einem Durchmesser von über einem Kilometer von einer Siedlungsanlage, in der mehrere tausend Menschen in Hütten lebten. Funde lassen darauf schließen, daß mit dem Bau vor über 3500 Jahren begonnen wurde.
Die Kultur der Natchez-Indianer hat sich bis zu Beginn der europäischen Kolonisation erhalten. So sind von den spanischen und französischen Soldaten Aufzeichnungen über ein gut organisiertes Gemeinwesen, mit einer Häuptlingsgottheit an der Spitze, erhalten. In Natchez, Mississippi, wurde an historischer Stelle ein indianisches Dorf rekonstruiert. Zehn Meilen nördlich des Ortes erstaunt Emerald Mound, eine um 1300 n. Chr. errichtete Hügelanlage, den Besucher.

New Iberia ⑰. Die Stadt wurde 1779 von Spaniern gegründet und gehört zu den wenigen Orten im Süden Louisianas, die einen spanischen Namen tragen. Die imposante Pflanzervilla *Shadows on the Teche* von 1834, inmitten eines Parks mit alten Eichen gelegen, demonstriert die Tradition, die der Anbau von Zuckerrohr im Mississippi-Delta hat. Die *Konriko-Reismühle* ist seit 1912 in Betrieb und kann besichtigt werden.

New Orleans ㉓. Die nach dem Herzog von Orléans benannte, wunderschön in einer Biegung des Mississippi angelegte Stadt, gehört zu den bedeutendsten touristischen Attraktionen der USA. Die französisch-spanische Kolonialarchitektur im French Quarter, auch Vieux Carré genannt, die Vielzahl exquisiter Restaurants *(siehe Seite 79)*, Musikclubs, in denen der Jazz erfunden wurde und in denen heute eine Vielzahl bekannter

Musiker verschiedener Stilrichtungen die Besucher begeistert, die nahe am Unterlauf des großen Flusses gelegenen, herrschaftlichen Plantagenvillen *(siehe Seite 27)* oder Bootsausflüge in die geheimnisvolle Welt des Mississippi-Deltas ziehen jährlich Hunderttausende von Besuchern an. Ein Spaziergang durch das *French Quarter,* dessen Bürgerkommittee bislang erfolgreich den Einzug von Fast-food-Ketten abwehren konnte, führt entlang von Hausfassaden mit filigranen schmiedeeisernen Balkonbrüstungen und Fenstergittern, mit verträumten Innenhöfen, in denen Rankgewächse und plätschernde Brunnen bezaubern, auf den historischen *Jackson Square,* der sich zum Mississippi hin öffnet. In der *Bourbon* und in der *St. Peter Street* reihen sich Kneipe an Kneipe, aus der legendären *«Preservation Hall»* klingt allabendlich die Musik der Dixieland Bands nach draußen. Im French Quarter liegen auch das *Mardi Gras-* und *Jazz-Museum* sowie das *Voodoo-Museum,* das eine anschauliche Einführung in den Voodoo-Kult bietet.
Während des *Mardi Gras* im Februar veranstalten die mehr als 60 Karnevalsvereine von New Orleans ihre Bälle, wälzt sich eine unbeschreibliche Parade von Marching Bands und Festwagen durch die Canal Street und das mit tanzenden und singenden Menschen vollgestopfte French Quarter. Das *Jazz and Heritage Festival* Ende April ist der musikalische Höhepunkt des Jahres mit Musik nonstop auf elf Bühnen und unzähligen Konzerten in allen Clubs der Stadt. In der Stadt, die sich selbst «The Big Easy» nennt, sind dann Hotelzimmer absolute Mangelware. *8/9, 12/13, 48, 49, 50/51, 52, 53, 56/57*

St. Francisville ㉔. Kapuzinermönche benannten die Stadt 1785 nach Franz von Assisi. Überreste der spanischen Gründung sucht man jedoch vergebens. St. Francisville wird von vielen wegen der seltenen Ansammlung gut erhaltener und restaurierter Plantagenvillen und herrlich angelegter Gartenanlagen aus der Zeit vor dem Bürgerkrieg, wie *Catalpa, Oakley, Greenwood, Rosedown, Afton Villa Gardens* oder *The Myrtles Plantation (siehe Seite 27),* aufgesucht.

St. Martinville ⑰. Zunächst Anlaufstelle für die französischen Acadian-Flüchtlinge aus Kanada, suchten während der französischen Revolution viele der royalistischen Flüchtlinge Asyl in Louisiana. Die Grafen, Marquis und Barone samt ihrem Anhang verwandelten St. Martinville für einige Zeit mit ihren Bällen, Soireen und Opernabenden in ein «Klein Paris», in dem vergeblichen Glauben, nach Ende des republikanischen Spuks bald wieder als Herrscher nach Frankreich zurückkehren zu können. Heute präsentiert sich die Gemeinde im Schwemmland der Mississippi-Mündung dem Besucher als ruhiges, etwas altmodisches Städtchen. *81*

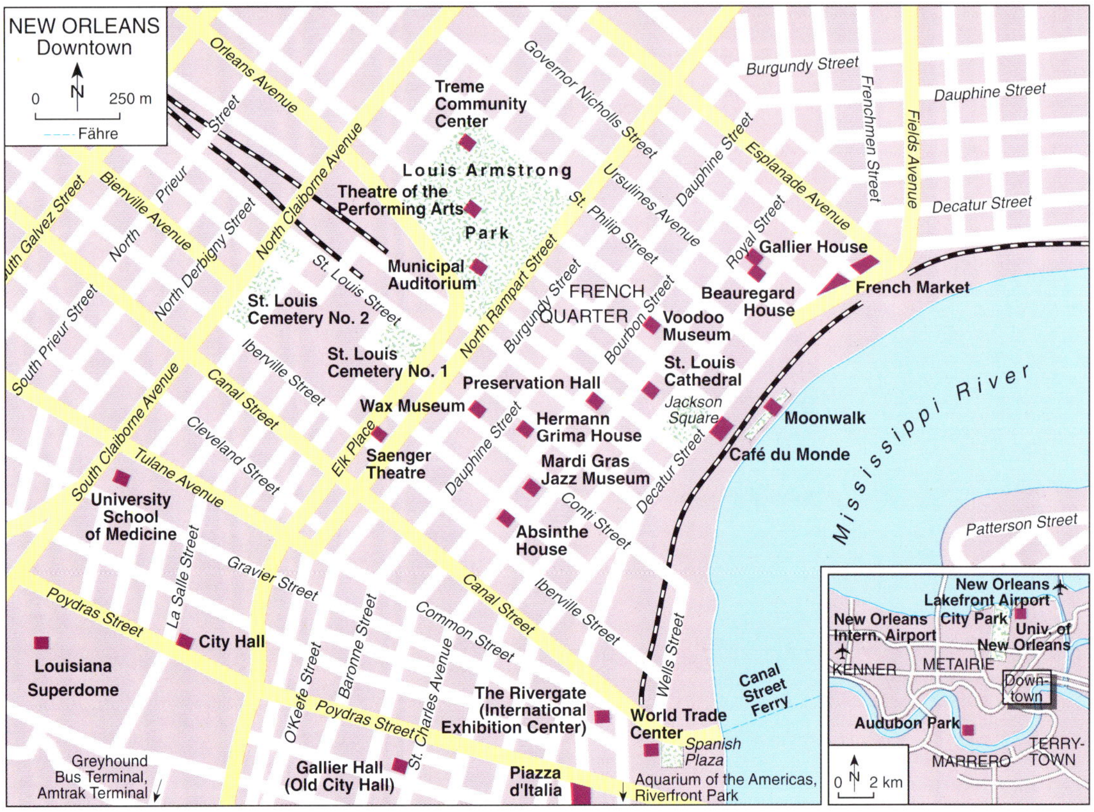

Im French Quarter in New Orleans kann einem die Nacht kaum zu lang werden – dafür sorgen zahlreiche Jazz-Clubs (rechts oben), darunter die berühmte «Preservation Hall» (rechts Mitte), Kneipen und Restaurants. Im «Café du Monde» (rechts unten) machen sich Nachtschwärmer bei einem Café au lait fit für die nächste Runde. Fast an jeder Ecke begegnet man Straßenmusikanten, selbst nachts gibt es Musikumzüge (oben).

JEAN LAFITTE, SCHMUGGLER UND PATRIOT

Von New Orleans aus organisierte Jean Lafitte ein gewinnbringendes Schmugglergewerbe und übernahm bald das Kommando über die Freibeuter, die in Barataria im Mississippi Delta ihr Quartier hatten. Die britische Marine bot ihm 1814 vergeblich ein Kapitänspatent und 30 000 Dollar in Gold für seine Hilfe beim Sturm auf New Orleans an. Die patriotische Tat, dem US-Gouverneur Claiborne die britischen Eroberungspläne zu verraten, wurde schlecht gelohnt. Amerikanische Truppen brannten Barataria nieder. Doch schon bald war der amerikanische General – und spätere Präsident – Andrew Jackson (1767–1845) auf seine Hilfe angewiesen. Im Austausch gegen eine Amnestie für alle Piraten verteidigte Jean Lafitte die Stadt erneut gegen die Briten. Lafitte entfloh nach einem vergeblichen Versuch, Napoleon aus der Verbannung auf St. Helena zu befreien, dem «normalen» Leben als geachteter Bürger und gründete auf Galveston Island vor Texas erneut eine Freibeuterkolonie. Ziel waren spanische Schiffe, doch als einer von Lafittes Kapitänen ein amerikanisches Schiff enterte, mußten Lafitte und seine Mannen Texas verlassen. Nach einem rauschenden Abschiedsfest wurde die Piratensiedlung niedergebrannt, und Jean Lafitte segelte ins Dunkel der Geschichte.

MISSISSIPPI

Biloxi ㉕. Der schon seit 150 Jahren beliebte Urlaubsort mit 40 Kilometer langem Strand, gleichzeitig ein bedeutender Fischereihafen, wurde während des Bürgerkriegs kaum beschäftigt. Jefferson Davis, der Präsident der kurzlebigen Konföderierten Staaten von Amerika, verbrachte die letzten zwölf Jahre vor seinem Tod 1889 in *Beauvoir,* einer herrschaftlichen Villa an der Uferpromenade bei Biloxi und schrieb hier unter anderem seine Memoiren. Beauvoir ist heute zu einem Bürgerkriegsmuseum ausgestaltet. Der Leuchtturm *Biloxi Lighthouse* schützt die Seefahrer seit 1848 vor Untiefen. Die Inseln vor der Küste sind als *Gulf Islands National Seashore* unbesiedelt und landschaftlich geschützt. Allein oder im Rahmen geführter Touren kann man sie erkunden. *14, 31, 36, 70*

Clarksdale ㉖. Inmitten der weiten, fruchtbaren Felder, nahe dem Mississippi, wurde der Blues geboren. Das *Delta Blues Museum* erzählt seine Geschichte, die mit der Stadt und mit den Musikern, die hier zu Hause waren, wie Muddy Waters (1915–1983), Charlie Patton (1885–1934) oder John Lee Hooker (1917 geboren) verbunden ist. Nicht weit entfernt bei Sunflower Landing, soll der spanische Konquistador Hernando de Soto im Mai 1541 den Mississippi «entdeckt» haben.

Columbus ㉗. Aus Possum Town, der kleinen Siedlung um eine Schänke an der Militärstraße zwischen Nashville und New Orleans, machten die reichen Baumwollpflanzer schnell das vornehmere Columbus. Ein Ensemble von etwa 100 eleganten Antebellum-Häusern, darunter das prächtige Anwesen der *Waverly Plantation,* mit einem achteckigen Kuppeldach, zeugen vom schnell erwirtschafteten Reichtum. Das 1847 eröffnete *Columbus Female Institute* gilt als erste öffentliche Hochschule für Frauen in den USA.

Greenville ㉘. Der Mississippi hat immer wieder Teile der Hafenstadt mitgerissen, bis im Jahr 1935 umfangreiche Dammbauten den Fluß abdrängen konnten. *Winterville Mounds State Park,* wenige Meilen nördlich der Stadt gelegen, war bis zur Mitte des 16. Jahrhunderts von mehreren tausend Indianern der Mississippi-Kultur *(siehe Seite 81)* bewohnt, die die fruchtbare Erde nahe des großen Stroms bebauten. Nach wie vor wird in dem Gebiet um Greenville auf großen Farmen Landwirtschaft betrieben. Literatur und Kreativität scheint dies nicht auszuschließen, kommen doch mit Walker Percy, Shelby Foote oder Ellen Douglas bekannte Autoren aus dieser Region. Jim Henson, der Schöpfer der beliebten Muppets-Puppen, wird im nahen Leland mit einem Museum geehrt.

Greenwood ㉙. Nach wie vor ist die Stadt an den Ufern des Yazoo einer der bedeutendsten Umschlagplätze des Landes für Baumwolle. Vor den europäischen Siedlern haben Indianer in mehr als 100 Dörfern an den Ufern der Flüsse gesiedelt und Landwirtschaft betrieben. Das *Cottonlandia Museum* dokumentiert die 10 000 Jahre alte Geschichte der Bewohner der Region. Auf der rekonstruierten *Florewood River Plantation* wird Leben und Arbeit auf einer Plantage vor dem Bürgerkrieg nachgestellt.

Gulfport ㉚. Im modernen Seehafen werden bis zu elf Schiffe gleichzeitig bedient. An der langen Küste nach Osten bis ins benach-

MIT DAMPF UND DIXIE

«Ol' man river» besingen Joe und die farbigen Arbeiter im Musical «Show Boat» (1927) von Jerome David Kern (1885 bis 1945) den Mississippi. Seit im Jahr 1811 das Dampfboot «New Orleans» von Pittsburg den Ohio hinunter den «Vater der Ströme» erreichte, durchpflügen Raddampfer seine Fluten.

«Die Menschen starrten die ankommenden Schiffe an wie ein Wunder, welches sie zum ersten Mal gewahr wurden.» Samuel Langhorne Clemens (1833–1910), besser bekannt als Mark Twain, hat den Fluß wie kein anderer beschrieben und wußte aus seiner Zeit als Lotse auf einem Mississippi-Dampfer so manch abenteuerliche Geschichte zu erzählen.

Auch heute lassen sich der Mississippi und seine Nebenflüsse, Ohio, Cumberland und Tennessee River, auf prachtvoll ausgestatteten Schaufelraddampfern «erfahren». Billig ist das unzweifelhafte Vergnügen einer entspannten Flußkreuzfahrt allerdings nicht. Für einen Trip mit drei Übernachtungen auf den mit allen Annehmlichkeiten und in historischem Dekor eingerichteten «steamboats» muß man je nach Kabine 800 bis 1800 Dollar entrichten, eine Schiffsreise von zwölf Nächten ist für zwischen 3000 und 7000 Dollar zu haben *(siehe Seite 40)*. Wer nicht soviel Geld in der Tasche hat, kann preisgünstige Tagesfahrten von New Orleans ins Mississippi-Delta unternehmen oder sein Glück auf einem der auf dem Strom schwimmenden Spielkasinos versuchen.

Die Fahrt von Memphis nach New Orleans ist wie ein Traum. Der Mississippi zieht mächtig und in weiten Biegungen dahin, vorbei an Plantagenvillen und historischen Städten, entlang fruchtbarer Flußniederungen und aufragender Uferböschungen. Glücklich, wer diese Landschaft im Schaukelstuhl auf einem Schaufelraddampfer genießen kann.

barte Biloxi und nach Westen bis zu den Seebädern von Pass Christian und Waveland locken breite *Sandstrände* Badeurlauber aus den Städten des Südens. Vom Yachthafen läßt sich von März bis November ein lohnender Ausflug auf die vorgelagerte Insel Ship Island unternehmen. Das auf der Insel gelegene *Fort Massachusetts* diente den Unionstruppen während des Bürgerkrieges als Stützpunkt für die Seeblockade der Südstaaten.

Jackson ㉛. «Chimneyville», Stadt der Schornsteine, nannten seine Bewohner Jackson, nachdem es von den Truppen des Unionsgenerals Sherman im Jahr 1863 in Schutt und Asche gelegt worden war. Die Hauptstadt von Mississippi, gleichzeitig Kreuzungspunkt der Handelswege des Bundesstaates, hat sich schon lange von der Zerstörung erholt. Einige Häuser aus der Zeit vor dem Bürgerkrieg sind erhalten geblieben und lohnen eine Besichtigung. Das *alte Kapitol*

von 1833 mit schlichtem Säulenportikus beherbergt heute das *Historische Museum von Mississippi*, das *Rathaus* aus dem Jahr 1847 ist in einem klassischen Bau des Greek-Revival-Stils zu Hause, der alte *Gouverneurspalast*, der im Jahr 1841 gebaut wurde und in dem 35 Gouverneure lebten, blieb als Hauptquartier General Shermans von der Zerstörung ausgespart. Das reich verzierte *neue Kapitol* von 1903 ist dem Kapitol in Washington nachempfunden. Die größte öffentliche Bibliothek des Bundesstaates ist Eudora Welty (geboren 1909) gewidmet, der großen alten Dame der amerikanischen Literatur, die William Faulkner und Tennessee Williams noch persönlich gekannt hat. Nordwestlich

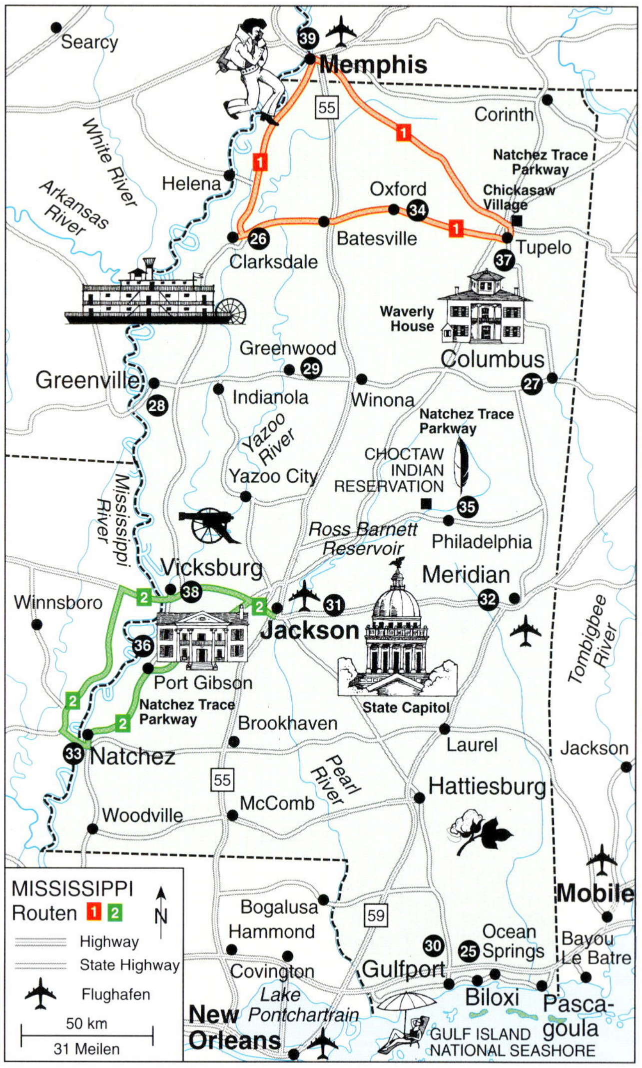

Oben: Ansicht von Vicksburg.

Links: Die schönsten Routen durch Mississippi:

Route 1 beginnt in Memphis, Tennessee, und führt über Tupelo am Natchez Trace Parkway nach Oxford. Von dort geht es weiter nach Clarksdale und zurück nach Memphis.

Route 2 führt von Jackson auf dem Natchez Trace Parkway über Port Gibson bis nach Natchez, von dort nach Vicksburg und zurück nach Jackson.

Links oben: Das Court House in Oxford.

Links Mitte: Die Longwood-Villa in Natchez.

Links unten: Dr. Whittington vor seiner Villa Twin Oaks in Natchez.

Die majestätische Stanton Hall in Natchez wurde 1857 erbaut.

der Stadt hat die Bodenerosion im *Petrified Forest* versteinertes Treibholz eines prähistorischen Flusses zu Tage gefördert.

Meridian ㉜. Der Umschlagplatz für die Holz- und Viehwirtschaft der Region hat sich von zahlreichen Katastrophen – der Zerstörung durch die Bürgerkriegstruppen von General Sherman 1864, der Gelbfieberepidemie 1887 und dem Wirbelsturm von 1908 – gut erholt. Jimmie Rodgers (1897–1933), Sohn der Stadt, Eisenbahnarbeiter und früh an Tuberkulose gestorbene Country-Musik-Legende, wird durch ein *Museum* am nördlichen Stadtrand geehrt. Gustav Denzel, ein deutscher Auswanderer, baute um die Jahrhundertwende mehrere Jahre an seinem Karussell, das er mit 28 bunt bemalten Holzpferden und anderen Tieren ausstattete.

Natchez ㉝. In der Stadt am Steilufer des Mississippi lebten vor dem Bürgerkrieg mehr Millionäre als in New York. Die Anwesen der reichen Pflanzer von einst stehen noch heute. *Rosalie, Monmouth, Stanton Hall, Dunleith* und *Magnolia Hall* gehören zu den imposantesten Villen im Greek-Revival-Stil, mit herrschaftlichen Auffahrten und eindrucksvollen, weißen Säulenportiken vor den großzügigen Wohnsitzen. Der Innenausbau von *Longwood,* einer Villa im verspielten Italianate-Stil und auf achteckigem Grundriß errichtet, wurde vom Bürgerkrieg unterbrochen. Viele Häuser lassen sich besichtigen, einige sind als Bed-&-Breakfast-Unterkünfte hergerichtet. Im Frühjahr und im Herbst besuchen Tausende von Amerikanern auf organisierten Rundreisen, «pilgrimages», die Südstaatenvillen und lassen sich von der vermeintlich heilen Welt der «guten alten Zeit» verzaubern. In *Natchez under the hill,* dem alten Hafenviertel am Fluß, waren früher die Kaschemmen der Flußschiffer und die leichten Mädchen zu Hause, heute legen hier die letzten großen Schaufelraddampfer an *(siehe Seite 84)*, und an der Uferstraße kann man manch gutes Fischrestaurant finden.

Knapp 20 Kilometer nordöstlich der Stadt, am Natchez Trace Parkway *(siehe Seite 86)*, läßt sich die Erdpyramide *Emerald Mound* besichtigen, übriggeblieben von einer Siedlung der Natchez-Indianer, die entlang des Mississippi in entwickelten Gemeinwesen gelebt haben. Die letzten Natchez wurden 1730 von französischen Truppen ausgelöscht. Das rekonstruierte Dorf *Grand Village of the Natchez Indians* gibt einen Eindruck ihrer Kultur. *17, 27, 43, 44, 45, 46, 66*

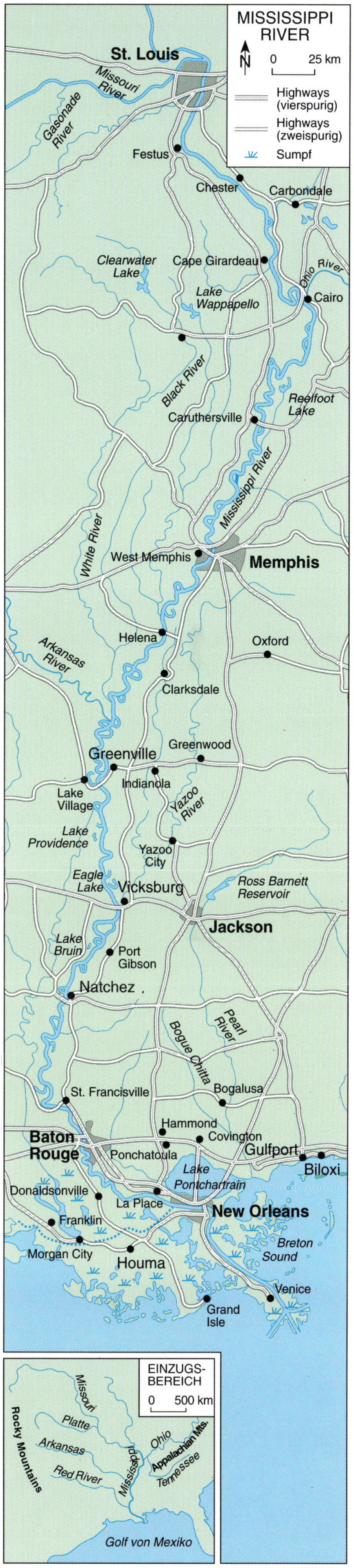

Ocean Springs ㉕. Die Franzosen gründeten 1699 an der Stelle des heutigen, beliebten Urlaubsortes an der Golfküste ihre Kolonialhauptstadt Biloxi, verlegten den Ort allerdings schon drei Jahre später ein Stück weiter nach Westen auf die andere Seite der Meeresbucht. Das *Walter Anderson Museum of Art* zeigt die Arbeiten und erläutert das Leben des exzentrischen Malers (1903–1962), der lange Jahre in Ocean Springs und auf Horn Island vor der Küste lebte.

Oxford ㉞. Die Stadtväter erhofften sich vom traditionsreichen Namen Hilfe, um den Zuschlag für die Gründung der Universität von Mississippi zu erhalten. Sie hatten Glück, 1848 zogen die ersten 80 Studenten auf den Campus. Bei Ausbruch des Bürgerkriegs stürmten die Farmersöhne zu den Waffen. Doch auch neun Kompanien Infanterie und Kavallerie der University Grays konnten die Niederlage der Südstaaten nicht verhindern. Oxford ist heute ein literarisches Zentrum: William Faulkner (1897–1962), Nobelpreisträger für Literatur, lebte und arbeitete in der Stadt, schrieb dort über die Menschen und die gesellschaftlichen Verhältnisse des Südens *(siehe Seite 88)*. Das Wohnhaus des Schriftstellers, *Rowan Oak,* gehört inzwischen der Universität und kann besichtigt werden. Die gemütliche Universitätsstadt ist inzwischen stolz auf den einst mißtrauisch beäugten Dichter. Die jährliche Faulkner-Konferenz, vom Zentrum für die Kultur der Südstaaten veranstaltet, zieht Literaten und Studenten aus vielen Ländern an. *84, 88*

DER NATCHEZ TRACE PARKWAY

Der Natchez Trace, ein alter Indianerpfad vom Mississippi River bis in die Hügellandschaft des mittleren Tennessee, wurde schon im 18. Jahrhundert von weißen Trappern genutzt. Später diente er amerikanischen Farmern aus dem Gebiet des Ohio-Tals, die ihre Waren auf dem Ohio und dem Mississippi in Richtung Natchez und New Orleans transportierten. Da sie ihre Flachboote ebenfalls verkauften, mußten sie nach Hause reiten oder wandern, und der Natchez Trace war für sie die kürzeste Verbindung.

Im Januar 1812 schlug die Todesstunde für den Trampfelpfad, als das dampfgetriebene Schiff «New Orleans» in Natchez eintraf. In kurzer Zeit geriet der Pfad in Vergessenheit. Erst in den dreißiger Jahren dieses Jahrhunderts erinnerte man sich des historischen Wegs und baute eine Straße von Nashville bis Natchez, den Natchez Trace Parkway, der der alten Route so eng wie möglich folgt und von historischen Hinweisen, Aussichtspunkten und rekonstruierten Abschnitten des alten Pfads begleitet wird *(siehe Seite 34 ff.)*.

Philadelphia ㉟. Die Choctaw-Indianer überließen den Weißen 1830 in einem Vertrag unter Druck große Teile des mittleren Mississippi. Einige tausend Mitglieder des Stammes leben und arbeiten noch immer in oder in der Nähe der kleinen, 10 000 Hektar umfassenden *Choctaw-Reservation* nahe der Stadt Philadelphia. Die Choctaw Indian Fair im Juli erinnert an die Green Corn Ceremony, das höchste Fest der Indianer vor der weißen Besiedlung. Nachdem Indianerreservationen von Washington Lizenzen zum Betrieb von Bingo- und Spielkasinos erteilt wurden, versuchen immer mehr Stämme sich über das Glücksspiel zu finanzieren. Auch die Choctaw haben inzwischen ihr Silver Star Casino errichtet, mit einarmigen Banditen, Spieltischen und großer Bingohalle.

Port Gibson ㊱. Einige Meilen südlich von Port Gibson, laut General Grant «zu schön, um es niederzubrennen», ragen 23 korinthische Säulen eines Herrenhauses einsam in den Himmel. *Windsor,* kurz vor dem Bürgerkrieg erbaut, fiel nicht brandschatzenden Sol-

Der Tiefe Süden im Film:

1951 verfilmte Elia Kazan das Theaterstück «Endstation Sehnsucht» von Tennessee Williams (links oben und Mitte unten).

Nach Motiven von William Faulkner entstand 1958 das packende Südstaaten-Familiendrama «Der lange, heiße Sommer» von Martin Ritt (links unten).

Ebenfalls 1958 drehte Richard Brooks «Die Katze auf dem heißen Blechdach» nach dem Bühnenstück von Tennessee Williams: Ein alter Plantagenbesitzer steht vor den Trümmern seines Lebens (oben und rechte Seite links).

In «Mississippi Burning» schickt Alan Parker 1988 zwei FBI-Agenten nach Mississippi, um den Mord an drei Bürgerrechtlern aufzuklären – eine gelungene Schilderung von Rassenhaß und Unterdrückung in einer Südstaaten-Kleinstadt (rechts oben und Mitte unten).

Ein Roman von Harper Lee war die Vorlage für den Film «Wer die Nachtigall stört» von Robert Mulligan (1962): Eine friedliche Kleinstadt in Alabama verwandelt sich in einen Hexenkessel, als ein rechtschaffener schwarzer Bürger beschuldigt wird, eine Weiße vergewaltigt zu haben (rechts unten).

daten, sondern einem unachtsamen Raucher zum Opfer. In der Nähe steht *Rosswood Mansion,* vom selben Architekten wie das unglückliche Nachbarhaus entworfen. Das Tagebuch des ersten Besitzers vermittelt einen authentischen Eindruck vom Leben auf einer Südstaaten-Plantage. *44, 45, 92/93*

Tupelo ㊲. Die einst mächtigen Chickasaw-Indianer, die den Franzosen manche Niederlage beigebracht hatten, mußten schließlich der weißen Übermacht weichen. Nördlich und südlich der Stadt bei *Pharr Mounds* oder beim *Chickasaw Council House* nahe dem Natchez Trace Parkway *(siehe Seite 86)* sind noch Zeugnisse der früheren indianischen Besiedlung zu finden. Der National Park Sevice, der den Natchez Trace betreut, unterhält ein informatives Besucherzentrum bei Tupelo. In einem kleinen weißen Holzhaus lebte Elvis Aron Presley (1935–1977) die ersten drei Jahre seines Lebens, bevor die Familie ins nahe Memphis umzog. Grund genug, einen *Elvis Presley Park and Museum* einzurichten, der dem Örtchen einige tausend Besucher mehr im Jahr garantiert.

Vicksburg ㊳. Pastor Newitt Vick starb 1819 über dem Versuch, am Steilufer des Mississippi eine Stadt zu gründen. Einige Jahre später gelang es anderen, sie nannten diese nach ihrem Vorgänger Vicksburg. «Gibraltar der Konföderierten» hieß Vicksburg während des Bürgerkriegs, ließ sich doch der Schiffsverkehr auf dem Fluß mit den Batterien auf dem Steilufer trefflich kontrollieren. Nach vergeblichen Angriffen, einer verlustreichen Attacke mit Kanonenbooten und einer fast zweimonatigen Belagerung durch die Truppen von General Grant gaben die entkräfteten Südstaatler am 4. Juli 1863 auf. Der Mississippi war nun in der Hand der Union. Durch den großflächigen *National Military Park* führt eine 25 Kilometer lange Straße vorbei an alten Gefechtsständen, Schützengräben und Ehrentafeln sowie am erst 100 Jahre später geborgenen, während der Kämpfe gesunkenen Kanonenboot USS Cairo. In der reizvoll an der früheren Kehre des Mississippi und dem heutigen Yazoo-Kanal gelegenen Stadt sind eine Reihe von *Antebellum-Häusern* restauriert. *84*

AUSFLUG NACH TENNESSEE

Memphis ㊴. Der Mississippi, der «amerikanische Nil», gab die Anregung, die Stadtgründung von 1819 an dessen Steilufer nach der einstigen unterägyptischen Metropole zu benennen. Der Ort entwickelte sich zum Handels- und Umschlagplatz für die Landwirtschaft der umliegenden Region und wurde bald zum Baumwollzentrum des Südens. Die wirtschaftliche Depression nach Ende des Bürgerkriegs und die Unruhen 100 Jahre später nach der Ermordung von Martin Luther King 1968 im Lorraine Motel haben Memphis stark zugesetzt, doch die Stadt hat sich davon erholt und gilt heute als eine der modernen Metropolen des Südens. Das *Mississippi River Museum* auf Mud Island gibt umfassend und amüsant Auskunft auf alle möglichen Fragen zum «Vater aller Ströme». Im Stadtzentrum ist die legendäre *Beale Street,* in deren Clubs der Blues salonfähig wurde, komplett restauriert und mit Restaurants, Geschäften und Theatern wieder zu einem kulturellen Zentrum geworden. Das Lorraine Motel in der Mulberry Street wurde vor wenigen Jahren zu einem *Bürgerrechtsmuseum* umgestaltet. Am südlichen Stadtrand, fast schon in Mississippi, zeigt das *Chucalissa Museum,* daß an gleicher Stelle von 900 bis 1500 n. Chr. eine indianische Siedlung der Mississippi-Kultur mit Häusern und Tempelbauten auf Erdhügeln existierte *(siehe Seite 81).* Nicht weit davon entfernt befindet sich ein moderner Wallfahrtsort. *Graceland,* Wohnhaus, Sterbeort und Begräbnisstätte von Elvis Aron Presley, dem «King of Rock'n'Roll» wird auch bald 30 Jahre nach seinem frühen Tod jährlich von Zehntausenden aufgesucht. *42, 43*

VOM TAUGENICHTS ZUM NOBELPREIS-TRÄGER

Der Schriftsteller William Faulkner

In seinem Werk wird der Tiefe Süden zur Bühne der Welt. William Faulkner, der überwiegend in Oxford, einer Kleinstadt in Mississippi, lebte, war ein Außenseiter, selbstbewußt exzentrisch, dem Alkohol ergeben – und ein begnadeter Schriftsteller.

Das Städtchen Oxford *(siehe Seite 86)* in Lafayette County im Norden von Mississippi ist manchem literarisch Interessierten besser bekannt als «Jefferson» in «Yoknapatawpha County». William Faulkner, der bedeutendste Schriftsteller der Südstaaten und Nobelpreisträger für Literatur, hat sich für die erdachten Orte und Menschen die Wirklichkeit zum Vorbild genommen und in seiner Heimatstadt unerschöpfliche Anregungen gefunden. Nicht unbedingt zum Gefallen der Bewohner von Oxford, die ihre Eigenheiten, ihre Geheimnisse und privaten Abgründe in aller Öffentlichkeit ausgebreitet sahen.

Schon bald nach seiner Geburt 1897 in der Kleinstadt New Albany im Norden von Mississippi ließ sich die Familie im nahen Oxford nieder, wo Faulkner mit seinen drei Brüdern aufwuchs, zur Schule ging und für den Rest seines Lebens eine Heimat fand.
An der Universität von Mississippi in Oxford, der «Ole Miss», war auch William Faulkner kurz eingeschrieben. Doch schon nach weniger als einem Jahr gab der selbstbewußte und alkoholischen Exzessen nicht abgeneigte Student auf. Seine herausragendste Position an der Hochschule war die des Leiters der Poststelle, doch nach zwei Jahren waren er und die Hochschulverwaltung es leid. «Ich habe keine Lust, nach jedermanns Pfeife zu tanzen, nur weil sich einer eine Briefmarke leisten kann», kommentierte Faulkner seinen Abgang.
Im Jahr 1930 zog William Faulkner in das Anwesen Rowan Oak in die Old Taylor Road um, in ein fast 90 Jahre altes Haus mit repräsentativem Portikus. Hier lebte und arbeitete er bis zu seinem Tod im Jahr 1962. In dem kleinen Arbeitszimmer neben der Bibliothek sind zahlreiche seiner bekanntesten Werke entstanden, die Trilogie «Das Dorf» (1940), «Die Stadt» (1957) und «Das Haus» (1959), die Geschichte vom Aufstieg der geldgierigen und skrupellosen Snopes-Sippe im dekadenten Süden sowie «Licht im August» (1932) oder «Absalom, Absalom!» (1936). Der Raum sieht aus, als wenn der Autor nur kurz vor die Tür gegangen wäre. Die schwarze Reiseschreibmaschine befindet sich auf dem Arbeitstisch, seine Sonnenbrille, ein Stück Rasierseife, ein Tintenfäßchen und eine Dose mit Abwehrmittel gegen aggressive Hunde stehen wie zur Benutzung bereit. Der Grundriß des Romans «Eine Legende», der im Jahr 1954 den Pulitzer-Preis gewann, ist deutlich erkennbar an die Wand gekritzelt. Nachdem Faulkner 1950 der Nobelpreis für Literatur für das Jahr 1949 verliehen wurde und sich Film und Fernsehen für den Schriftsteller zu interessieren begannen, rückte Oxford plötzlich in das Licht der internationalen Öffentlichkeit.

Nicht ohne seine Pfeife – der Schriftsteller William Faulker (1897–1962) gilt als der Chronist des Südens.

Rowan Oak, etwas abseits der Straße zwischen Eichen und Pinienbäumen gelegen, gehört heute der Universität, die das Haus restauriert und der Öffentlichkeit zugänglich gemacht hat. In der Universitätsbibliothek ehrt eine ständige Ausstellung den bedeutendsten Sohn der Stadt, hier ist auch die Nobelpreis-Urkunde zu bewundern. Im August jeden Jahres veranstaltet die «Ole Miss» eine internationale Faulkner-Konferenz, wird Oxford zur Wallfahrtsstätte für Studenten, Verehrer und Sammler aus vielen Ländern. Das Familiengrab auf dem St. Peter's Friedhof ist dann von frischen Blumen geschmückt, so mancher Whiskey wird zum Ruhm des Dichters getrunken.
In der gut ausgestatteten Buchhandlung «Square Books», nicht zu verfehlen am Courthouse Square, findet man alles über William Faulkner. Eine kleine Cafeteria lockt mit gutem Kaffee und Gebäck sowie der Aussicht, mit einem der vielen bekannten Autoren, wie John Grisham oder Willie Morris, die heute in Oxford wohnen, an einem Tisch zu sitzen.
In Faulkners Roman «Requiem für eine Nonne» (1951) heißt es: «Die Vergangenheit ist niemals tot. Sie ist nicht einmal vergangen.» Ein guter Leitspruch für eine Reise durch den Tiefen Süden. *Axel Pinck*

In seinem Haus Rowan Oak in Oxford lebte Faulkner von 1930 bis zu seinem Tod.

Bed & Breakfast in stilvollem Ambiente: In der Butler Greenwood Plantation in St. Francisville kann man sich in luxuriöser Umgebung verwöhnen lassen und anhand von Fotos und Dokumenten in die Geschichte blicken.

Blick durch den schönen Garten auf Houmas House, eine Plantagenvilla am Mississippi südlich von Baton Rouge.

Spaß und Spiel in alten Südstaaten-Kostümen während des Spring Festival in Port Gibson.

Die St. Louis Cathedral am Jackson Square in New Orleans.

ZUR SCHNELLEN ORIENTIERUNG – STICHWORTVERZEICHNIS

Kursive Seitenzahlen verweisen auf Abbildungen.

Holzhaus in Natchez, Mississippi.

Hochzeit in New Orleans.

Zwischen Land und Wasser: Bayou-Landschaft in Louisiana.

TEXTNACHWEIS

Simone de Beauvoir: Amerika Tag und Nacht. Reinbek bei Hamburg, Rowohlt Verlag 1988: S. 1.
Den Themen-Essay «Nicht nur Jazz: Musik im Tiefen Süden» (S. 54/55) schrieb der Journalist und Autor Thomas Jeier.
Der Text des Themen-Essays «Schwarzes Leid, weiße Pracht» (S. 64/65) ist mit freundlicher Genehmigung der Schweizer Verlagshaus AG, Zürich, folgendem Buch entnommen: Marcus Junkelmann, Morgenröte am Potomac, Schweizer Verlagshaus AG, Zürich, 1987.

BILDNACHWEIS

Archiv für Kunst und Geschichte, Berlin: S. 64 (2), 64/65, 65 u.
Archiv Verlag C.J. Bucher: S. 35 o.r.
Archive Photos, New York: S. 88 l.
Bildarchiv Preussischer Kulturbesitz, Berlin: S. 40/41.
Bilderdienst Süddeutscher Verlag, München: S. 35 l., 40 u., 41 u., 54 l., 55 r.M., 88 o.M.
Manfred Braunger, Freiburg: S. 9 r.o., 27 M.l., 68 o., 70 l., 73 r., 80 r., 81 M. und u., 86 l.o. und M., 95 r.
Interfoto-Pressebild-Agentur, München: S. 54 r.M. und u., 55 u.
Thomas Jeier, Gröbenzell: S. 8 l.u., 70 r.u., 71 l., r.o., 74 r.o., r.M., 85 l.u.
Kinoarchiv Peter W. Engelmeier, Hamburg: S. 86/87 (8).
The Metropolitan Museum of Art, Gift of Mrs. Frank B. Porter, 1922: S. 34.
Stockfood/Eising, München: S. 79 l. und r.u.
Ullstein Bilderdienst, Berlin: S. 40 o.

Alle übrigen Abbildungen stammen von Christian Heeb, St. Gallen. Der Fotograf dieses Bandes veranstaltet jedes Jahr Fotoreisen in die USA. Info: Christian Heeb, Box 914, CH-9001 St. Gallen.
Christian Heeb dankt der Swissair für die Hilfe bei der Erarbeitung des Bildmaterials sowie Holiday Inn Worldwide für die freundliche Unterstützung.

Seite 1: Flohmarktauslage in New Orleans.
Die Karten auf den Seiten 67, 72, 80, 82, 86 und 87 zeichnete Astrid Fischer-Leitl, München; die Kartenpiktogramme zeichnete Almud Kunert, München.

Wir danken allen Rechteinhabern und Verlagen für die freundliche Erlaubnis zum Nachdruck. Trotz intensiver Bemühungen war es nicht möglich, alle Rechteinhaber zu ermitteln. Wir bitten diese, sich an den Verlag zu wenden.
Alle Angaben dieses Bandes wurden von den Autoren sorgfältig recherchiert und vom Verlag auf Stimmigkeit und Aktualität geprüft. Allerdings kann keine Haftung für die Richtigkeit der Informationen übernommen werden. Für Hinweise und Anregungen sind wir jederzeit dankbar. Zuschriften bitte an Verlag C.J. Bucher, Lektorat, Goethestraße 43, 80336 München.

EDITION USA · TRAUMZIEL AMERIKA
DER TIEFE SÜDEN

Konzeption: Axel Schenck
Lektorat: Heinz Gmelch, Georg Hohenester, Katrin Ritter
Bilddokumentation: Ulrich Reißer
Graphische Gestaltung: Angela Drees
Herstellung: Kristina Kaiser, Angelika Kerscher
Technische Produktion:
Fotosatz Ressemann, Hochstadt · Repro Ludwig, A-Zell am See
Offizin Andersen Nexö Leipzig GmbH (Druck und Bindung)

ISBN 3 7658 1040 1

Christian Heeb, 1962 in St. Gallen geboren, arbeitet als freier Reisefotograf für Buchverlage und Magazine. Mitglied der Fotografenagentur «Look». Bildautor zahlreicher Bände über die USA im Verlag C. J. Bucher.

Rudolf Walter Leonhardt, Publizist und Buchautor, ehemaliger stellvertretender Chefredakteur der «Zeit». U. a. Autor des Panoramabildbandes «Deutschland» sowie der Bände «Berlin» und «England» im Verlag C.J. Bucher.

Axel Pinck, geboren 1948 in Hamburg. Arbeitet im Medien- und Touristikbereich mit Schwerpunkt Nordamerika. Buchautor und Verfasser von Beiträgen für Zeitschriften, Zeitungen und im Hörfunk.

Ebenfalls in dieser Reihe erschienen:

Amerika in exklusiven Panoramabildbänden:

Der große Länderband über die USA:

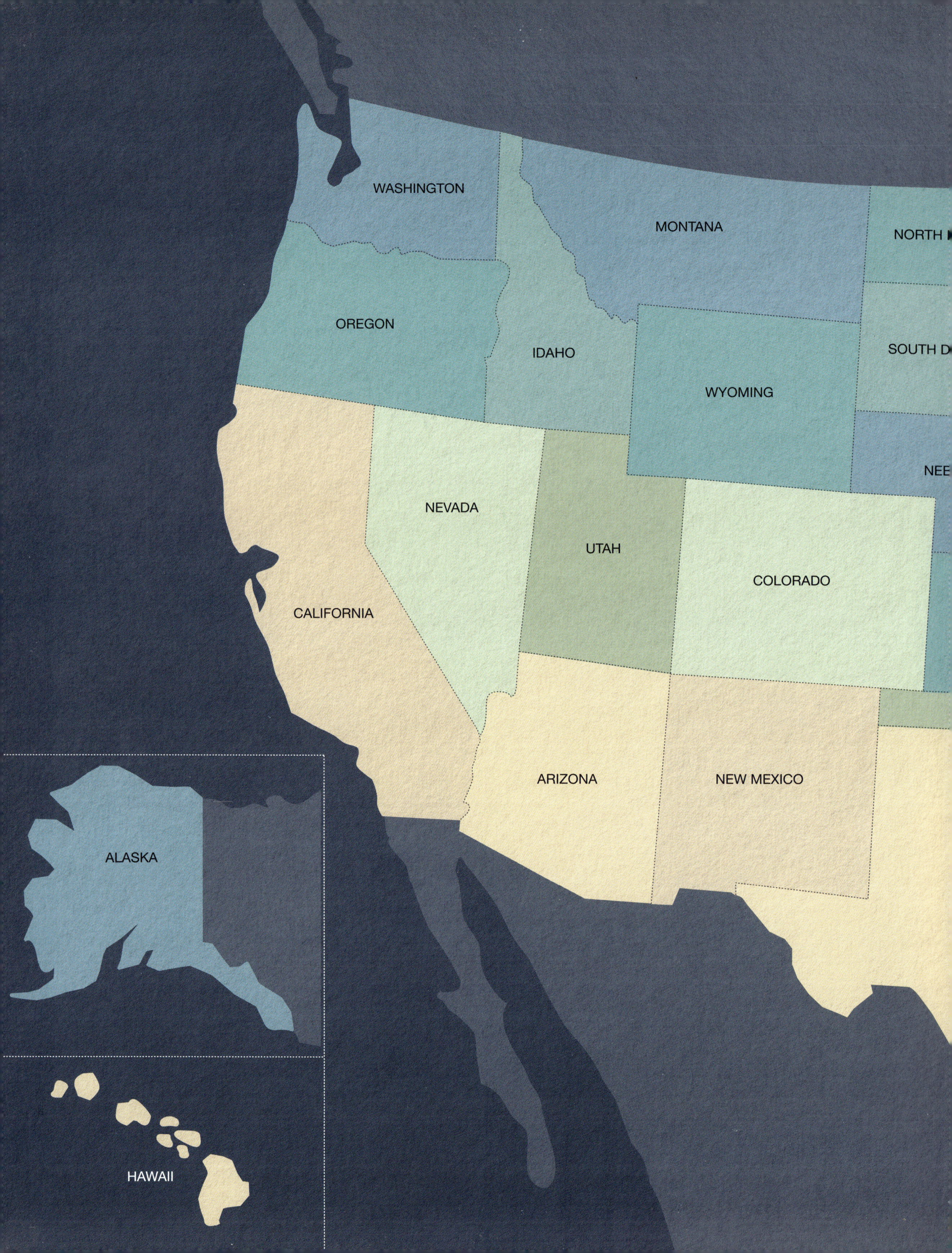
WASHINGTON
MONTANA
NORTH
OREGON
IDAHO
SOUTH D
WYOMING
NEE
NEVADA
UTAH
COLORADO
CALIFORNIA
ARIZONA
NEW MEXICO
ALASKA
HAWAII